밥 프록터
부의 원리

Bob
Proctor

밥 프록터

부의 원리

이 책은 돈에 관한 이야기가 아니다

밥 프록터 지음

이재경 옮김 · 조성희 감수

윌북

차례

‡ 1장 ‡ 돈은 목표가 아니다

‡ 2장 ‡ 내면의 거대한 잠재력을 깨우자

‡ 3장 ‡ 믿음의 크기가 부의 크기다

‡ 4장 ‡ 목적과 비전, 목표가 필요하다

당신의 손이
이 책을 집어든 이유

여러분에게 인생을 바꿔놓을 지식을 소개하려 한다. 이토록 변혁적인 정보는 어디서도 찾기 어려울 것이다.

　이 글을 쓰려고 펜을 들고 자리에 앉아, 나는 깨달았다. 바로 여러분이 이 모든 걸 끌어당겼다는 것을. 여러분은 처음부터 이 책을 선택하게 되어 있었다. 하지만 여러분이 집어든 것은 책이 아니다. 바로 책에 든 정보다. 여러분의 인생에 들어오는 것은 모두 이런 '끌어당김의 법칙'에 의한 것이다. 그러니 책을 펴서 대충 훑어보고 내려놓지 말자. 처음부터 끝까지 찬찬히 정독하겠다고 결심하기를 바란다. 읽다 보면 한 페이지에 한 시간이 걸릴 수도 있다. 그런 일이 자주 있을 것이다. 나 역시 밥 프록터의 책을 읽을 때면 종종 그렇게 된다. 다 읽고 나면, 이 책에서 얻은 정보를 지금 여러분의 생활 방식과 일에 대입해보기 바란다. 그러면 행동 변화를 통해 삶 전체를 개선할 지점이 보인다.

이 책에 담긴 지혜의 보석을 내면화하자. 행동으로 옮기고 저자가 약속한 선물을 받기 바란다. 이 책에 적힌 아이디어를 하나씩 자기 것으로 만들기 바란다. 이 책을 완벽히 소화한다면 당신은 이전보다 훨씬 자유롭고 역동적인 사람이 되어 있을 것이다. 그리고 내면에 늘 존재했던 힘을 비로소 발휘하게 될 것이다. 신념 체계도 바뀌게 된다. 자신이 누구인지, 보이지 않는 마인드가 어떻게 기능하는지, 어떻게 자신의 의식 수준을 지속해서 높여나갈 수 있는지 더 잘 이해하게 된다.

이제 이 책이 어떻게 쓰이게 되었는지 소개하고 싶다. 밥 프록터는 26세 때 삶이 극적으로 바뀌는 경험을 했다. 그는 그 변화가 너무 놀라워서 혼자 그 변화를 누릴 수 없었다. 그는 이유를 알고 싶었다. '나에게 무슨 일이 일어난 걸까? '어떻게 이런 일이 일어난 걸까?' 이 의문이 그가 평생을 헌신한 긴 여정에 발을 들이게 했다. 그는 48년에 걸쳐 치열하게 연구했다. 그는 정말 이루고 싶은 꿈에 다가가지 못한 채 원치 않는 삶을 유지하는 이유에 대해 연구했다. 지난 500년 동안의 여러 현인을 멘토로 삼고 과학자처럼 그들의 삶을 연구했다. 그들이 제시한 묘안을 면밀히 분석하고 충실히 수행했다.

지금 여러분 손에 들려 있는 정보를 개발하는 데는 밥 프록터가 집중 연구에 바친 48년뿐 아니라 그가 연구한 저자들과 그 저자들이 연구한 다른 저자들까지 모두 계산에 넣어야 할 것이다. 하지만 그 시간보다 중요한 것은 이 책에 실린 정보가 모두 수차례 검증을 거쳤다는 것이다. 이 책의 내용은 세월의 시험을 통과하며 일단 밥 프록터에게 수백만 달러를 벌게 해 주었다. 돈을 벌게 된 밥은 다시 남들이 부자가 되도록 도왔다. 바로 이 책 안에 명실상부한 금광이 있고, 그것이 이제 여러분 손안에 있다. 들고만 있어선 안 된다. 반드시 실행으로 이어져야 한다. 나아가 진정한 활용을 위해서는 그것을 받을 마음이 있는 모두와 나누어야 한다.

내 말은 모두 사실이다. 나는 법학 학위를 취득한 뒤 법인 변호사로서 기업 인수를 포함한 각종 거래를 성사하며 수십 년을 보냈다. 나름 성취감으로 가득한 지적인 삶이었으나 그뿐이었다. 그러다 밥 프록터를 만났고, 그제야 내 삶의 여러 퍼즐 조각이 맞아떨어지기 시작했다.

2006년 8월, 나는 운 좋게 워싱턴주 벤쿠버에서 열린 밥의 세미나에 참석했다. 그날 이후, 내 인생 항로가 송두리째 바뀌었다. 나는 밥이 전수해준 강력한 아이디어를 공유하는 일에 남은 생을 보내게 되리란 것을 깨달았다.

밥의 아이디어를 접한 후, 비로소 내가 성공을 거둘 수 있었던 이유를 깨달았다. 나는 학창 시절부터 '외부에서 일어나는 모든 것은 먼저 내부에서 시작된다'고 생각했다. 어릴 때부터 나도 모르는 사이에 밥의 가르침을 따르고 있었던 것이다. 나는 끌어당김의 법칙을 내 편으로 삼았고, 이것이 내가 목표를 세우고 달성한 비법이다. 하지만 남들이 성공의 비결을 물을 때, 거기에 뭐라고 답해야 할지 몰랐다. 이제는 답할 수 있다. 게다가 이제는 남들에게도 성공의 비결을 알려줄 수 있다. 나는 사람들에게 밥의 메시지를 전하는 일을 정말 사랑한다. 내가 바라는 것은, 밥이 내 삶을 변화시킨 것처럼 여러분도 이 책을 읽고 똑같은 경험을 하는 것이다.

이 책의 교훈을 내면화해서 현명하게 적용할 수 있기를 바란다. 그렇게 한다면, 원하던 모든 것을 얻을 수 있을 것이다. 이 책에 적힌 내용은 그만큼 강력하다. 이 책은 금광과 같다. 페이지마다 광맥이 흐른다. 다시 말하지만, 관건은 현명한 적용이다.

랠프 월도 에머슨이 남긴 날카로운 명언으로 이 글을 맺고 싶다. 여러분이 이 책을 읽고 마음에 새길수록 동감할 것이라 확신한다. 에머슨이 남긴 말은 다음과 같다.

"우리 앞에 놓인 것과 우리 뒤에 놓인 것은

우리 안에 있는 것에 비하면 사소하기 짝이 없다."

෴

샌디 갤러거

법학박사

프록터 갤러거 인스티튜트 공동창업자·대표

돈에 대한 생각을
영원히 바꿀 부의 학습서

밥 프록터의 베스트셀러 『밥 프록터의 위대한 발견』은 전 세계 독자들에게 그들이 진정으로 원하는 삶을 영위하고 향유할 영감을 주었다. 그가 이번에는 『밥 프록터 부의 원리』를 통해 새로운 질서와 균형을 찾고자 하는 이들에게 새로운 접근법을 제시한다. 특히 경제적 변화를 모색하는 독자에게 요긴한 길잡이가 될 것이다.

밥은 모두의 내면에 숨겨진 거대한 잠재력을 일깨우는 사람이다. 나는 이것이 사람들이 그를 찾는 이유라고 생각한다. 그는 보편적이면서도 지극히 개인적인 이야기로 독자에게 감명을 준다. 밥의 가르침을 따른다면 누구나 삶에서 새로운 의미를 찾고 번영의 길을 발견할 수 있다는 것을 보여주기 위해, 나도 개인적인 경험을 나누고자 한다. 하지만 그에 앞서 이 책과 밥에 대한 설명을 조금만 하려 한다.

지금 여러분은 돈에 대한 생각을 영원히 바꾸어놓을 경험을 시작하기 직전에 있다. 이 책을 통해 부 창출의 비밀이 바야흐로 드러나려 한다.

여러분이 곧 읽게 될 내용은 밥 프록터가 자기계발 분야의 위대한 선구자들 밑에서 수학하고, '돈과 마인드'라는 주제로 40년 이상 가르쳐온 경험을 종합한 것이다. 이제 우리는 그가 수십 년에 걸쳐 축적하고 적용해온 지식을 전수받을 특권을 누리게 되었다.

이를 즐기기 위해서는 먼저 밥 프록터의 배경을 살펴볼 필요가 있다. 그는 가난하게 자랐으며 정규 교육을 받지 못했다. 지원하는 일자리마다 거부당하기 일쑤였다. 이렇다 할 사업 경험도 없었다. 그는 성공할 가능성이 거의 없어 보였다. 그랬기에 그가 지난 40년간 성취해낸 것이 더욱 놀라울 수밖에 없다. 대부분은 그저 경이롭다고 말할 것이다. 하지만 개인적 친분을 걸고 단언하건대, 밥은 자신의 성공을 경이로운 일로 보지 않는다. 그는 누구나 자신처럼 변화할 수 있다고 진심으로 믿었다. 그는 자신이 겪은 놀라운 경험을 이용해 전 세계 대다수를 속박해온, 돈에 대한 근거 없는 신화를 깨는 데 주력했다.

반면 나는 매우 정통적인 경로를 걸었다. 고등학교를 졸업하고 대학에 진학해 학위를 취득한 후 엔지니어가 되어 대기업에서 근무했다. 하지만 나는 늘 불행했고, 낙이 없었고, 돈에 쪼들렸다. 그때 나는 그저 더 많이 일하고 더 좋은 곳으로 이직하면 삶이 나아지리라 믿었다. 하지만 내게 돌아온 것은 탈진으로 인한 피로감과 비참함뿐이었다. 일을 빼면 내게는 무엇도 남아 있지 않았다.

밥을 알게된 것은 내 인생이 가장 비참할 때였다. 그의 프로그램들을 공부하기 시작하면서 나는 그동안 내가 돈에 대해, 특히 돈 벌기에 대해 잘못 생각하고 있었다는 것을 깨달았다. 나는 부자가 되는 것은 개인의 배경이나 경험에 상관없이 마음속 이미지에서 비롯된다는 사실을 알게 되었다. 애초에 부유함이란 개념 역시 누군가의 생각에서 시작된 것 아닌가. 이 깨달음과 함께 내 인생이 본격적으로 바뀌기 시작했다.

오늘날 내가 돈을 보는 관점은 예전과 완전히 달라졌다. 나는 전에는 작은 칸막이 안에 갇혀 일했지만, 밥을 만난 뒤에는 체어맨스 클럽이라는 글로벌 기업을 운영하게 되었다. 체어맨스 클럽은 다중 소득원 구축을 통해 부를 축적하는 방법을 알려주기 위해 설립된 회사다.

밥의 가르침은 내 인생을 그야말로 송두리째 변화시켰다. 여러분이 이 책을 읽기 시작한다면 여러분의 인생 역시 변하기 시작할 것이다. 먼저 여러분의 의식이 변하고 돈도 일종의 발상이라는 진실에 도달하게 될 것이다. 돈은 하인일 때는 훌륭하지만 주인일 때는 끔찍하다. 돈의 존재 이유는 두 가지다. 하나는 나를 안락하게 해주는 것이고, 다른 하나는 내가 물리적으로 존재할 수 있는 너머까지 널리 서비스를 제공하게 해주는 것이다.

의식이 성장하면 돈을 버는 능력도 커지게 된다. 밥은 종종 사람들에게 가장 많이 벌던 때의 연 소득을 묻는다. 그 사람이 얼마나 부자인지 알기 위해서가 아니다. 돈벌이에 대한 의식 수준을 파악하기 위해서다. 1년 동안 버는 돈을 큰 노력 없이 한 달에 버는 방법을 알게 된다면, 당신은 어떻게 하겠는가? 물어보나 마나다.

이 책의 최고 활용법은 학습서로 삼는 것이다. 밥이 어느 강연 중에 무대에서 책 한 권을 꺼내 들던 때가 기억난다. 표지는 떨어질 듯 너덜너덜하고, 책장도 낡아서 색이 변했으며 여기저기 색칠과 밑줄로 가득하고, 손으로 쓴 메모가 책 전체에 잔뜩 붙어 있었다. 밥은 청중에게 책을 보여주며 자신이 40년 넘게 계속 읽는 책이라고 했다. 나는 이 책, 『밥 프록터 부의 원리』야말로 우리가 몇 번이고 읽어야 하는 책이라고 믿는다. 나는 여러분이 이 책의 내용에 완벽히 몰입하고 이 책에서 배운 모든 것을 실행에 옮길 방법을 찾길 바란다.

마지막으로, 긴장을 풀고 돈에 대한 기존의 모든 관념을 버릴 준비를 하자. 이 책이 공유하는 부의 원리를 따르자. 여러분이 진정으로 원하는 것이 무엇이든 이 책이 그곳으로 여러분을 인도할 것이다.

◌

티퍼니 배런

전기공학 이학사
체어맨스 클럽 대표

당신의 1년 수입을
한 달 수입으로 만들어줄 책

✳

"Believing is Seeing."
당신이 믿는 대로 현실에서 보게 될 것이다.

만약 당신의 한 달 수입이 시간당 수입이 된다면 어떨까? 당신의 1년 수입이 한 달 수입이 된다면? 보통 이 두 가지 질문을 마인드파워 스쿨에 온 분들에게 던지면 "아! 정말 좋을 것 같아요!" "얼마나 기쁠까요!"라며 꿈속에서 둥둥 떠다니는 듯 황홀한 표정을 짓는다. 그런데 내가 "여러분도 가능합니다!"라는 말을 꺼내기가 무섭게 "에이, 현실적으로 불가능한 일이에요!"라며 손사래를 친다. 자신에게는 결코 일어날 수 없는 허황된 일이라고 여긴다. 어쩌면 이 책을 집은 당신도 그럴지도 모른다.

나 역시 그랬다. 나는 처음부터 어둠의 자식으로 태어났다고 생각했다. 지하 사글셋방에서 벗어나지 못할 것 같았다. 햇빛이 들지 않아서 언제나 곰팡내가 가득하고, 술 냄새가 지독하게 풍기는 지하 소굴에서 빠져나가지 못하는 게 당연하다고 여겼다. 앞으로도 계속 이렇게 살게 될 것으로 생각했다. 언제나 분노와 불만이 가득한 시절이었다. 매일 내가 이렇게 사는 것은 처음부터 어둠의 자식으로 태어났기 때문이라고 되뇌며 깊은 어둠의 동굴 속에서 정처 없이 방황했다. 태어날 때부터 그랬으니까, 앞으로도 평생 가난하고 우울하게 살아갈 것이라고 스스로 프로그래밍한 것이다. 그렇게 지쳐 죽을 것 같은 나날이 이어졌다.

그러던 어느 날이었다. 내 인생의 오아시스를 만난 듯 희망의 빛을 발견했다. 바로 '잠재의식의 힘'에 대한 책을 접했을 때였다. 나는 처음으로 꿈을 꾸기 시작했다. 햇빛이 드는 꿈의 집에서 행복하게 웃으며 일어나 꿈의 차를 타고 내가 사랑하는 일을 하러 가는 것. 전 세계를 누비며 자유롭게 사는 것. 나에게도 그런 삶이 가능하다고 생각하기 시작한 것이다.

꿈이 생긴 이후, 미친 듯이 밥 프록터를 공부했다. 그와 관련된 자료를 반복하여 파고들었다. 그의 메시지를 배울수록 배움에 대한 갈증이 더욱 커졌다. 급기야 그를 만나기 위해 하던 일을 내려놓고 미국으로 떠났다. 그리고 그의 프로그램에 참여해

레이저 눈빛을 쏘며 수많은 질문을 쏟아냈다. 세계 각지에서 온 외국인들도 대한민국에서 온 어린 여성이 쏟아내는 열정에 전염되는 듯했다.

그리고 기적이 일어났다. 내 잠재의식 속에 풍요의 '마인드 파워'를 장착한 순간부터, 이번 생에서 불가능할 것으로 생각했던 일들이 현실이 된 것이다. 매일 내가 상상 속에서 일어났으면 했던 일들을 현재 일상생활에서 매일 만나고 있다.

나는 밥 프록터가 이 책에 남긴, "보이는 대로 믿는 것이 아니라 믿는 대로 보게 된다"라는 말을 내 삶으로 직접 체험했다. 이 말이 무슨 뜻인지를 당신 역시 자기 삶에서 체험하고 이해하기를 진심으로 바란다.

부자가 되는 것은 돈의 문제가 아니다. 돈은 목표가 아니다. 어린 시절 나는 매일 돈 생각만 하면서 열심히 일했다. 부모님께 돈을 드리기 위해 한 푼이라도 더 벌기 위해 버둥거렸다. 그리고 매일 밤 이런 생각을 했다. '꼭두새벽부터 밤까지 일만 하고 있는데, 내 계좌에 찍힌 돈은 1000원밖에 없구나. 나 참… 1000원이라니.'

허리띠를 바짝 졸라매도 내 통장 잔고는 도무지 채워지지 않았다. 빚을 생각하면 언제나 한숨만 나왔다. 돈이 들어올 때도, 나갈 때도 마음속은 걱정으로 가득했다. 매일 가난에 대한 두려움과 마주해야 했다.

돈 1000원 쓰는 것도 망설여지던 그 시절, 부자가 되는 것은 특별한 사람만 가능하다고 생각했다. 이렇게 결핍의 마인드셋에서 헤어 나오지 못하는 내게 당연히 돈이 생길 리 없었다. 끌어당김의 법칙에 따라, 돈을 불러들일 수 없었던 것이다.

지금 당신의 현실은
당신의 의식 수준을 보여준다

이후 독학으로 영어를 마스터해 미국 대기업 취직했다. 그곳에서 인정받으며 일할 때, 나는 이만하면 다 이뤘다고 생각했다. 가난에 찌들어 있던 내가 여기까지 왔다니. 이것만으로도 감지덕지해야 한다고 생각했다. 그러나 뭔가 2퍼센트 부족함을 느꼈다. 이 상태로 안주하고 싶지 않았다. 진정한 나를 찾고 싶었다. 처음으로 나 자신에게 질문을 던졌다. '나는 누구인가?'

이 물음에 대한 답을 찾는 과정에서 나는 밥 프록터의 비즈니스 파트너가 되었다. 그리고 한국에 마인드파워 스쿨을 오픈

했고, 현재 '마인드파워로 세상을 이롭게'라는 사명감으로 매 순간 성장하고 있다. 이 책에서 이야기하는 인생의 목적을 향해 의식을 성장시키는 매 순간, 무엇과도 바꿀 수 없는 충만한 행복을 느낀다.

처음 미국에서 트레이닝을 받던 당시에는 자신의 의식 수준에 맞는 현실을 만난다는 말이 무엇인지 정확히 가슴으로 다가오지 않았다. 1년 수입을 한 달 만에 벌 방법이 무엇인지 전혀 보이지 않았지만, 시간이 갈수록 그 방법은 내 앞에 나타났다.

1년에 버는 액수를 큰 노력 없이, 심지어 즐겁게 한 달 만에 버는 방법은 바로 자신의 의식을 성장시키는 것이다. 지금 당신의 현실은 당신의 의식 수준을 보여준다. 의식이 확장되면 삶이 어떻게 변할지 상상해보라. 당신은 얼마의 돈이면 풍요를 느끼겠는가?

의식의 지평은 얼마든지 넓힐 수 있다. 더 넓힐수록 당신은 인생의 진정한 풍요를 만나게 될 것이다. 내가 만난 전 세계의 진정한 부자들은 모두 끊임없이 자신의 의식을 성장시키고자 했다.

내가 아침마다 가슴이 뛰는 이유는 지난 15년 동안 성장했고, 시간이 지날수록 예전에 보이지 않던 세상이 더 크게 보이기 때문이다. 당신 역시 마찬가지다. 의식을 성장시킬수록 당신이 바라보는 세상은 완전히 다른 세상이 되어 있을 것이다.

그러나 그 과정에서 기존의 나를 부여잡고 있는 생각들이 언제든 치고 들어올 것이다. 가장 친하다고 생각했던 친구 또는 가족이 당신을 끌어내리려 할 때도 있을 것이다. 과거에 켜켜이 쌓여 있는 내 기존의 생각이 나를 한없이 끌어내리려 할 때도 있을 것이다. 그러나 그럴 때일수록 당당하게 일어나 자신의 목적을 향해 나아가야 한다. 왜냐하면 당신은 그렇게 태어난 존재가 아니기 때문이다. 이 세상의 가장 좋은 것들을 충만하게 누리기 위해 태어난, 무한한 가능성을 지닌 존재이기 때문이다.

바닥을 치려 할 때, 두려움으로 옴짝달싹하지 못할 때, 동굴 속으로 들어가지 말고 이 책을 집어 들고 몇 번이고 반복해서 읽기를 바란다. 이 방법이야말로 당신의 인생이 피는 길이다.

나는 아직도 어둠으로 가득했던 내 인생에 한 줄기 빛이 새어 들어오던 날을 기억한다. 처음으로 '나도 삶을 바꿀 수 있을까?'라는 생각이 떠올랐던 그날을. 그 빛 한 줄기를 따라 어둠의 터널을 기어 나올 수 있었던 것은 끊임없이 반복해서 부의 원리를 공부했기 때문이다. 마침내 터널에서 완전히 기어 나와

산 정상에 올라 뜨거운 태양 앞에서 두 팔을 활짝 벌리며 통쾌하게 웃었던 그 순간을 아직도 잊을 수 없다.

작년에 밥 프록터가 작고하신 후에도 벌써 그의 책을 네 권째 감수할 수 있음에 감사하다. 내 스승이자 비즈니스 파트너인 밥 프록터가 남긴 이 책이 당신의 패러다임을 완전히 바꿀 귀한 길을 보여주기를 기도한다.

이 책을 통해 스스로 의식을 성장시키고, 마침내 정상에 올라 아름다운 풍경을 바라보며 두 팔을 활짝 뻗는 당신의 모습을 상상해본다. 벌써 눈시울이 뜨거워진다.

매일 가슴 충만하게 행복한 당신의 여정을 뜨겁게 응원하고 축복한다.

◈

뜨거운 응원과 사랑을 담아,
2023년 스승의 날

조성희

마인드파워 스쿨 대표
밥 프록터 한국 유일 비즈니스 파트너

· 1장 ·

돈은
목표가 아니다

내게 매우 중요한 책이 하나 있다. 1961년 처음 접한 이래 지금까지 반복해서 읽는 책이다. 바로 나폴레온 힐의 『생각하라 그리고 부자가 되어라』다. 성공 철학의 신화가 된 책으로, 많은 이에게 엄청난 영감을 주었다. 위대한 사상가 힐은 내 삶에 지대한 영향을 미쳤다. 하지만 이 책의 가장 중요한 점은 따로 있다. 힐은 다양한 주제, 이야기, 훈련 방법을 파고들지만 정작 돈에 대해서는 별로 말하지 않는다.

'부자가 되는 법'에 대한 책인데 이상해 보인다. 이런 책이 또 있다. 로버트 러셀의 『이제 나는 부자다』다. 이 책 역시 위대한 저작인데, 역시 돈과는 관련이 없다. 이쯤에서 당신이 감 잡았기를 바란다. 부 창출의 열쇠 중 하나는 돈은 목표가 아님을 이해하는 것이다. 강조를 위해 다시 반복하겠다. 돈은 목표가 아니다.

힐과 러셀이 깨달은 것은 다음과 같다. 부의 창출은 돈에 집중하는 것과는 상관없다. 부와 상관있는 것은 마음가짐, 태도, 그리고 생각하는 방식이다.

너무 단순하게 들리는가? 하지만 이 단순하고 명백한 이치를 대부분은 좀처럼 납득하지 못한다. 물어보고 싶다. 부유한 삶을 생각할 때 무엇이 떠오르는가? 열대의 섬에서 보내는 휴가? 전용 비행기? 무엇이든 원하는 것을 원할 때 할 수 있는 삶? 아마 대부분이 이런 이미지를 떠올릴 것이다. 돈다발이나 은행 계좌를 떠올리는 사람도 있을까? 의외로 그런 사람은 별로 없다. 웹스터 사전 또한 부를 '풍부한 공급'으로 정의한다. '돈의 풍부한 공급'이라고 말하지 않는다.

돈은 우리가 그 가치를 믿기 때문에 가치 있다. 돈은 액수가 인쇄된 종이일 뿐이며 그 자체로는 가치가 없다. 따라서 누군가 돈을 많이 벌고 싶다고 말할 때, 그가 실제로 원하는 것은 돈과 교환할 수 있는 것들이다. 이를테면 고가의 자동차, 열대의 섬에서 보내는 휴가, 전용기다. 무엇보다 그가 추구하는 것은 궁극의 호강이다. 그리고 그것을 자유롭게 누릴 시간이다. 앞서 내가 돈이 진짜 목표가 아니라고 한 것은 바로 이런 뜻이다. 진정한 목표는 그저 부를 축적하는 데 있지 않다. 진짜 목표는 바로 부단한 성장에 있으며, 그 성장은 개인적인 성장과 재정적 성장을 모두 포함한다. 어쩌면 이해하기 어려운 개념일 수 있다. 지금까지 우리는 돈벌이의 요점이 돈을 최대한 축적하는 것이라고 배웠으니까.

하지만 우리는 거꾸로 배웠다. '돈으로는 행복을 살 수 없다'는 말을 들어보았을 것이다. 내가 들어본 말 중에 가장 황당한 말이다. '냉장고를 타고 시내를 돌아다닐 수 없다'는 말만큼이나 너무 당연해서 어처구니가 없다. 당연히 돈으로 행복을 살 수 없다. 그건 돈이 하는 일이 아니다. 돈이 할 수 있는 일은 더는 돈에 대해 생각할 필요가 없는 안락함을 주는 것이다.

우리에게 돈이 없으면 돈이 우리를 소모한다. 제품과 서비스 가격이 계속 상승하고 있지만, 나는 신경 쓰지 않는다. 내게 아무런 통제권이 없는 일을 걱정해서 무슨 소용이 있겠는가? 하지만 내게 돈이 없다면, 나는 어쩔 수 없이 돈 생각을 할 수밖에 없다. 돈에 대해 생각하는 일은 우리의 시간과 에너지를 잡아먹는다. 그러다 보면 무한한 정신력과 창의력은 사라지고 걱정만 하는 기계가 된다. 우리가 이 악순환에서 벗어나고 변명을 멈추려면 가장 먼저 돈이 목표가 아니라는 것을 깨달아야 한다.

자기 힘으로 엄청난 성공을 거둔 사람치고 돈을 좇는 사람은 없다. 그들은 어떻게 마인드가 작동하는지 알기 때문에 돈벌이에 대해 생각하지 않고, 대신 자신이 하는 일에 집중한다.

여기서 우리가 알아야 할 것이 있다. 부에 이르는 길은 자신과 벌이는 일종의 정신 게임이다. '행복은 돈으로 살 수 없다'는 말은 돈이 없는 이유를 스스로에게 정당화하는 말이다. 우리가 자기 정당화를 위해 학습한 방어적 진술이다. 하지만 당신도 속으로는 안다. 자신이 지금의 상태를 바꾸고 싶어 한다는 것을. 이 책이 그 방법을 보여줄 것이다.

부유한 사람들은 부의 창출이 돈에 관한 문제가 아니라는 것을 이미 안다. 그들은 돈 자체가 목표가 아니라는 것을 안다. 그들이 돈을 축적 대상으로 보기보다 교환 수단으로 이용하는 것은 그런 까닭이다.

많은 사람이 이를 이해하는 데 어려움을 겪는다. 이유는 뻔하다. 지금까지 우리는 돈을 최종 목표로 생각하도록 프로그래밍이 되어왔다. 이는 돈이 쉽게 벌리지 않을 때 우리가 자기방어적인 태도를 보이고 자기변명에 빠지는 이유이기도 하다.

돈이 실제로 어떻게 작동하는지 이해하는 가장 쉬운 방법은 돈을 물에 비유하는 것이다. 물 한 방울만으로는 아무것도 할 수 없다. 보잘것없고 무력하다. 물 한 방울을 1달러로 바꿔 생각해도 된다. 1달러로 할 수 있는 일은 많지 않다. 하지만 물방울이 모일수록 운동량이 증가한다. 물이 모여서 개울을 이루고, 개울이 흘러서 강을 이루고, 결국 풍부한 수량의 격류가 된다. 이 물줄기가 산을 옮기고 협곡을 깎는다. 물은 그야말로 우리 행성을 조형한다. 단, 물이 움직일 때의 이야기다. 흐름을 멈추고 고여 있는 물, 나가지도 들어오지도 않는 정체된 물은 증발해 사라지기 시작한다. 돈도 마찬가지다.

가치 있는 성취를 이루려면 처음부터 큰돈이 필요하다고 생각하는 사람이 많다. 전혀 그렇지 않다. 물과 마찬가지로 소액의 돈도 제대로 사용되기만 하면 믿기 힘들 만큼 강력해진다. 산골짜기의 개울물은 적은 양으로도 사람을 쓸어갈 수 있다. 비밀은 양에 있지 않다. 움직임에 있다.

돈도 이와 같은 방식으로 작동한다. 물이 모여서 강이 되듯, 소액이 현금 흐름을 만드는 기회에 투자되고, 그 돈이 모여서 강을 이루고 지속적인 부의 줄기를 제공한다. 이런 '순환의 법칙'을 이해하는 사람은 자신이 돈이 멈추는 지점이 아니라 돈이 흐르는 통로에 서 있다는 것을 안다.

성공하는 사람들과
당신의 차이

✣

평범한 사람은 최상위 부유층을 보면서 그들에게는 무언가 유별나고 특별한 면이 있을 것으로 생각한다. 예컨대 부자들을 보통 사람보다 똑똑하고 수완이 좋은 사람들로 여긴다. 이 추정은 참이기도 하고 거짓이기도 하다.

부자들이 부유한 이유는 부의 마인드셋, 즉 부유한 마음을 철저히 내면화했기 때문이다. 부유한 마음은 남이 빼앗을 수도 훔칠 수도 없다. 그들은 파산해도 다시 일어나서 부를 이룬다. 돈의 작동 원리를 이해했기 때문이다. 그러한 이해는 그들의 잠재의식에 각인되어 있다. 반면 보통 사람들의 잠재의식에는 잘못된 정보가 새겨져 있다.

하지만 이런 근본적인 차이만 빼면 부자들도 다른 이들과 다를 것이 없다. 부자들도 일하고, 웃고, 사랑하고, 이별하고,

기복과 부침을 겪는다. 그들에게도 하루는 정확히 24시간이다. 그 시간 동안 우리 대부분은 별일 없이 보내지만, 부자들은 놀라운 일들을 해낸다.

그럼, 무엇이 다른 걸까? 차이는 크지 않다. 하지만 그 작은 차이가 모든 것을 바꾼다. 그것은 돈에 대해 어떻게 생각하고, 느끼고, 믿는지의 차이다.

'보이는 대로 믿는다.' 우리가 흔하게 듣는 경구다. 그러나 이는 틀린 말이다. 이 문장은 삶이 당신에게 제공하는 무궁무진한 기회를 믿지 않는, 매우 회의적이고 부정적인 관점을 대변할 뿐이다. 이 경구는 당신이 코앞의 것들만 믿을 수 있다고 말한다. 이 관점은 당신의 상상력과 직관과 창의성이 가진 방대하고 무한한 힘을 무시한다.

그런데도 우리는 이 말을 평생 반복적으로 듣는다. 하도 들어온 탓에 이 문장은 우리의 사고 회로의 일부가 되었다. 그러나 우리는 그런 줄도 모른다. 하지만 부유한 사람들은 이 경구가 사실과 정반대라는 것을 안다. 즉 보이는 대로 믿는 것이 아니라 믿는 대로 보인다. 원하는 것을 보려면 그것을 내면화해야 한다. 당신이 성취하려는 것을 믿어야 한다. 그래야만 그것이 실현될 수 있다. 다시 말해 부유한 사람들은 '믿는 대로 보인다'는 신조를 따른다. 당신과 억만장자를 나누는 유일한 차이는 부유한 마음뿐이다. 그리고 그 마인드셋의 초석은 믿음이다.

부자들은 '돈이 덤빈다'는 표현을 한다. 틀린 말이 아니다. 그들의 인생에 돈이 모여드는 이유는 그들이 부를 당연시하기 때문이다. 그들의 마음에는 목표를 흐리는 의심 따위는 없다. 어떤 것도 그들을 머뭇대거나 주저하게 하지 않는다. 그들은 실패를 걱정하지 않는다. 그들의 마음에 보이는 것은 성공뿐이기 때문이다.

앞서 나는 나폴레온 힐의 『생각하라 그리고 부자가 되어라』를 언급했다. 나는 지금도 이 책을 늘 가지고 다닌다. 그리고 매일 조금씩이라도 읽는다. 힐은 성공과 부를 이룬 수백 명을 인터뷰했고, 그 결과 성공 방식은 각기 다르지만 그들 모두 공통적인 마인드셋을 갖고 있다는 것을 발견했다. 그들은 남들에게는 오지 않은 기회를 끌어당겼고, 남들은 보지 못한 해법을 볼 수 있었다. 성공을 당연시했기 때문이었다.

부자들은 무언가 특별한 재간이나 육감을 타고났다는 뜻일까? 그렇지 않다. 다만 그들은 올바른 의식을 가지고 있다. 의식을 성장시키는 것은 단순하다. 쉽지 않을 뿐이다. 이 과정이 어려운 데 근본적인 이유가 있다. 바로 마음에 달린 문제이기 때문이다. 우리 대부분은 기본적으로 비슷한 성장 과정을 거친다. 학교에 가고, 기술을 배우고, 직장을 얻고, 자립한다. 이렇게 사는 사람이 전체 인구의 90퍼센트를 차지한다. 나는 이 비율이 돈 버는 방법을 전혀 모르는 사람의 비율과 같다고 본다.

길 가는 사람을 아무나 잡고 물어보자. "돈 버는 방법을 아세요?" 그러면 100명 중 99명에게 이런 대답이 돌아올 것이다. "돈 버는 방법이야 당연히 알죠. 매일 돈 벌러 다니잖아요." 하지만 이는 돈을 버는 것이 아니다. 그저 직장을 얻고 생계를 잇는 것이다. 돈벌이와 밥벌이에는 엄청난 차이가 있다.

인구 전체 중 오직 소수만이 돈 버는 방법을 안다. 거기에는 이유가 있다. 학교에서 돈 버는 방법을 가르치지 않기 때문이다. 우리가 배우는 것은 돈을 세는 방법이다. 우리는 가계부에 대차대조표와 그래프와 차트를 작성하고, 마지막 한 푼까지 기록한다. 하지만 경제학 박사 학위가 있어도 빈털터리가 될 수 있다. 돈을 버는 것은 다른 문제이고, 그것을 배운 적이 없기 때문이다.

학교는 우리를 직장인으로 성장하도록 교육한다. 우리의 마음은 직장 생활을 하며 사는 것이 세상 이치라고 프로그래밍이 된다. 학교는 우리에게 그것이 안전한 경로라고, 안정적으로 사는 방법이라고 가르친다. 부모님도, 학교 선생님들도 그렇게 말한다. 나에게도 기술학교에 가서 기술을 배우라고 했던 선생님이 있었다. 그러면 평생 굶을 일은 없다고 했다. 나는 그 말을 듣지 않았다. 우선 나는 기계 다루는 일을 싫어한다. 그리고 그 일에 소질이 전혀 없다. 한번은 기계를 잘못 다뤄서 손가락이 잘릴 뻔한 적도 있다. 그 부위가 지금도 아프다! 덧붙이자면, 일해서 버는 것은 최악의 돈 버는 방법이다. 그리고 가장 불안정한 방법이기도 하다.

열심히 일하라. 한 우물을 파라. 그러면 보상이 있을 것이다. 이것이 우리가 어린 시절부터 귀에 딱지가 앉도록 듣던 말이다. 글쎄, 과연 그럴까? 사실 우리 대부분이 받는 것은 어느 날 출근해서 더는 자신의 출입 카드로 사무실 문이 열리지 않음을 발견하는 것뿐이다. 그렇다. 직장인은 언제든 버림받을 수 있다. 수십 년간 몸 바쳐 일한 대가로 받는 것은 소정의 고용해지 위로금뿐이다. 일자리에 안정성이란 없다. 일자리는 미래를 보장하지 않는다. 안정성은 우리 내면에서 나온다. 안정성은 거기서 찾아야 한다. 안정성이 일자리에 있다고 믿다가 일자리를 잃으면 삶의 의욕이 완전히 꺾이고 만다. 모든 걸 잃는 것이기 때문이다.

해법은 자신이 어떤 사람인지 의식하고 내면의 프로그래밍을 바꾸는 것이다. 대개의 사람은 자기가 기존에 하던 일에서 쉽게 빠져나오지 못한다. 이는 돈 버는 방법을 모른다는 것을 인정하기 싫은 심리와 무관하지 않다. 물론 감추려 들면 쉽게 감출 수 있다. 어쨌거나 우리는 월급을 받고 있으니까. 그렇지 않은가?

이런 심리에서 '돈으로 행복을 살 수 없다' 같은 어이없는 말들이 생겨난다. 이런 말은 원하는 만큼 벌지 못하는 책임을 회피하고 싶을 때 하는 변명일 뿐이다. 당신이 해야 할 일은 이런 변명을 버리고 마음을 여는 것이다. 이는 자신에 대해서 아는 것에서 비롯된다. 당신의 현실은 당신의 의식 수준을 보여준다. 의식이 확장되면 삶이 어떻게 변할지 상상해보라. 사람들은 1년에 5만 달러를 벌고 싶어서 1년에 5만 달러를 버는 것이 아니다. 한 달에 5만 달러를 버는 방법을 깨닫지 못해서 1년에 5만 달러밖에 벌지 못하고 있는 것뿐이다.

의식의 지평은 얼마든지 넓힐 수 있다. 넓힐수록 인생에서 더 많은 것을 성취할 수 있다. 부자들에게는 이미 이런 의식이 있다. 그들과 같은 의식을 얻고 싶은가? 그렇다면 부자들에게는 왜 그것이 있는지, 그것이 왜 성공에 이르는 열쇠인지 알아야 한다.

부자들의 특징 첫 번째는 자기 내면의 지혜를 들으려는 의욕이 있다는 것이다. 남의 말을 들어서 부자가 될 수 있다면 그 사람이 먼저 부자가 되지 않았을까? 하지만 알다시피 그렇지 못하다. 인간은 본능적으로 영적 교감을 필요로 한다. 가까운 사람들에게, 가족과 친구와 동료에게 조언을 구하는 것은 세상에서 가장 자연스러운 충동이다.

그러나 남의 조언을 따르기 전에 막상 그들의 인생은 어떤지 살펴볼 필요가 있다. 그런데 우리는 그러지 않는다. 우리가 남의 조언에 따를 때, 그 이유가 상대가 성공한 사람이라서가 아니라 상대에게 품은 감정적 믿음 때문일 경우가 많다. 부자가 되어보지 않은 사람들이 당신에게 부자가 되는 법을 제대로 알려줄 수 있을까? 천만의 말씀이다.

검증된 사실만 골라 믿을 필요가 있다. 당신 안에는 부에 이르는 특별한 경로를 만들어낼 능력이 있다. 먼저 자신을 믿고, 그런 경로를 앞서 밟아본 사람들을 찾아 여정의 길잡이로 삼아야 한다.

또한 비판론자와 비관론자의 지적은 흘려들어야 한다. 당신의 꿈이 비현실적이고 당신의 목표가 허황되다고 말하는 사람이 많을 것이다. 그러나 '보이는 대로 믿는다'라는 논리는 우리를 딱 보이는 것만큼의 삶, 오직 현실 인식에 기반한 삶으로 밀어 넣을 뿐이다. 이 글을 읽는 여러분이라면 이런 삶은 피하고 싶을 것이다. 지금 약속하자. 먼저 자신의 목소리에 따르겠다고. 현실은 내가 만드는 것이다.

대다수 사람은 기회가 요란한 팡파르와 함께 도래하는 것으로 생각한다. 자신의 삶을 바꿀 기회가 어지럽게 지축을 흔들며 다가와 번쩍이며 존재감을 과시할 것으로 생각한다. '기회'라고 쓴 거대한 네온사인 간판이 나타나서 눈부시게 빛나는 화살표로 길을 알려주리라 기대한다.

하지만 기회는 그렇게 작동하지 않는다. 그 때문에 의식 수준이 중요하다. 기회는 우리 각각의 곁을 매일 스쳐 지나간다. 나는 이를 개인적인 경험으로 안다. 때로 기회는 인생에서 가장 힘든 시기에 들려오는 속삭임이다. 부자들은 기회가 왔을 때도 일관되게 행동한다.

성공한 사람들은 패배와 실패마저 장애가 아닌 기회로 본다. 머릿속으로 성공한 사람 몇몇을 떠올려보자. 그들의 이력서가 처음부터 화려하지만은 않았을 것이다. 오히려 해고와 중퇴로 어수선한 경우가 많다. 보통 사람이라면 아마 영원히 침몰했을 법한 엄청난 비극에 처했던 사람도 많다. 하지만 그들은 시련을 응해야 할 도전으로, 붙잡아야 할 기회로 보았다. 아니, 그렇게 보기로 선택했다. 그리고 결과적으로 역경을 이기고 번영했다.

또한 부유한 사람들은 '부'는 '과정'이라는 것을 안다. 부가 하룻밤 새에 일어나는 일은 별로 없다. 물론 그런 경우가 전혀 없는 것은 아니지만 갑작스러운 부에는 대개 위험이 따른다. 부유한 마음을 개발하기 전에 부자가 되는 경우 그 부를 금세 잃어버릴 위험이 크다. 몇 년 만에 무일푼이 된 복권 당첨자 이야기를 한 번쯤 들어보았을 것이다. 하루아침에 명성을 얻고 돈방석에 앉아서 흥청망청 살다가 이른 나이에 돈을 탕진한 뒤 재기하지 못하고 여생을 가난하게 사는 사람들을 심심찮게 볼 수 있다. 그런 사람은 부유하게 생각하는 법을 배우지 못한 사람이다. 그런 이는 돈에 대한 집착과 강박에서 마음을 영원히 해방해줄, 지속적인 부를 달성할 가능성이 거의 없다.

기억하는가? **나는 책의 첫머리에서 돈은 목표가 아니라고 말했다. 이 생각을 간직하자. 이 생각이 길잡이가 되어줄 것이다. 부유한 마음을 장착하면 좋아하는 일을 하게 되고, 그 일을 하면서 돈을 벌게 된다. 돈은 목표가 아니다. 결과일 뿐이다.**

나는 부자가 될 방법을 찾아다니는 사람을 많이 만난다. 대부분은 그 방법이 마치 세상 여기저기에 돌아다니고 있으며 추적하여 사로잡고 묶어둘 수 있는 것처럼 여긴다. 하지만 부는 우리 안에 있다.

누구에게나 각자 좋아하는 일이 있다. 좋아하는 일이란 아무 금전적 대가가 없어도 기꺼이 행복하게 할 법한 일을 말한다. 놀라지 마시라. 부자들이 하는 일이 딱 그런 일이다. 그들은 자기가 좋아하는 일을 하면서 막대한 부를 창출한다. 그들이 버는 돈은 꿈을 따른 데서 비롯된 자연스러운 결과일 뿐이다. 돈 자체는 그들의 꿈이 아니다. 우리는 제각기 타고난 적성이 있다. 우리가 찾아야 할 것은 바로 적성을 펼칠 방법이다.

부유한 사람들은 성공과 책임이 함께 간다는 것을 안다. 그들은 핑계를 대지 않는다. 그들은 행동에 옮긴다. 두 사람이 같은 곳에서 같은 제품을 파는 같은 사업을 하는데 한 사람은 부유하고 다른 한 사람은 힘겹게 사는 경우를 우리는 허다하게 본다. 주어진 상황이 같을 때 그 상황에서 무엇을 이루는지는 전적으로 각자에게 달려 있다. 잠재력이 없는 사람은 세상에 없다. 그러나 우리는 정반대로 배워왔다. 뭘 해도 되는 사람은 따로 있다고. 헛소리다! 누구나 완벽한 능력을 지니고 있다. 부자라고 해서 초인적 천재는 아니다. **누구나 부를 이룰 수 있다.**

빈부는 다만 기량 개발의 문제다. 아무리 강조해도 지나치지 않는다. 잠재력 부족 같은 것은 존재하지 않는다.

내가 수없이 설명해도, 당신이 내 설명을 수없이 읽고 들어도 소용없다. 당신이 이를 진심으로 믿기 전까지 당신의 인생은 변하지 않는다. 믿는 대로 보인다. 이것이 진실이다. 당신이 스스로 수용하기 전에는 어떤 진전도 이루기 어렵다. 이를 받아들이지 않으면 마인드셋의 변화는 일어나지 않는다.

당신은 부를 원한다. 하지만 부의 성취를 가로막는 마인드셋을 가졌을 수 있다. 자신에게 솔직할 준비가 되었다면, 몇 가지 간단한 질문으로 자기 내면이 어떻게 프로그래밍되어 있는지 파악할 수 있다.

질문을 던져보겠다. 당신은 사람들과 돈 이야기를 하는 것이 편한가? 아니면 금기를 입에 올릴 때처럼 불안한가? 돈 이야기를 할 때 당신의 소득 수준이나 경제적 형편에 대한 질문을 받으면 애써 별일 아닌 척 넘기는 편인가? 이런 화제가 민망하고 불편한가?

당신만 그런 것은 아니다. 대부분은 돈 이야기가 달갑지 않다. 우리 중 극소수만이 본인이 원하는 자산 수준에 올라 있거나 그 수준으로 향하고 있기 때문이다. 하지만 기억하자. 믿으면 보게 된다. 부유한 사람들이 돈 이야기를 하는 태도를 생각해보라. 그들은 돈 이야기를 매우 편하게 한다. 그들에게 돈은 인생의 다른 관심사들과 하등 다르지 않다. 따라서 여느 관심거리 못지않게 열정적으로 돈을 논한다.

그들은 돈에 대한 아이디어를 자유로이 흐르게 하고, 뜻이 맞는 사람들과 교환한다. 이 교환은 종종 새로운 소득원 개발과 소득 다각화로 이어지고, 이는 그들의 부를 더욱 증대한다. 그들은 돈 이야기를 부끄러워하지 않는다. 돈 이야기에 감정을 부여하지 않는다. 그들은 대부분이 불편해하는 것을 편하게 생각한다.

여기에는 정말로 단순한 이유가 있다. 내가 책의 첫머리에서 했던 말을 기억하자. 돈은 목표가 아니다. 돈은 우리가 가져야 할 진정한 목표, 즉 꿈을 좇고 무한한 잠재력을 실현하기 위한 도구일 뿐이다. 재정적 성공이 곧 부는 아니다. 재정적 성공은 진정한 부를 실현한 데 따른 결과다. 이 점이 진정으로 부유한 이들과 나머지를 구분한다. 그들에게는 재정 상태, 고용 상태, 시간 제약이 성공으로 가는 길을 방해하는 요소로 작용하지 않는다. 믿으면 보이기 때문이다. 그들은 오직 궁극적 목표에 집중한다.

많은 사람이 부자가 되려면 남들보다 많이 일하고 가족과 멀어지는 등 원치 않는 희생을 해야 한다고 생각한다. 이는 잘 못된 생각이다. 자유를 포기하고 소중한 사람들을 등한시하는 것은 부유한 삶과 정반대의 삶이다. 기억하자. 부는 단순히 돈을 많이 버는 문제가 아니다. 부는 당신이 좋아하는 것을 당신이 원하는 방식으로 할 수 있게 되는 것이다. 부유한 삶의 목표는 자유다. 그 자유는 당신의 손에 강력한 힘을 쥐여준다. 원하는 삶을 선택할 힘을!

당신이 그동안
변하지 못했던 이유

✢

'하지만 어떻게?' 이 질문이 끊임없이 떠오를 것이다. '당장 찢어지게 가난한데 어떻게 부유하게 생각할 수 있지? 장래가 없는 일을 전전하는 처지에 어떻게 부유한 삶을 상상할 수 있어? 가족을 부양하느라 당장 한 푼이 아쉬운데 기회에 투자할 돈이 어디 있냐고!'

Bob Proctor

이런 생각은 부유한 마음에 독이 된다. 가야 할 방향과 해야 할 일을 깨닫는 능력을 병들게 한다.

이런 질문을 하는 것 자체가 부유한 마음과 거리가 멀고, 그 것을 달성할 날도 아득히 멀었다는 것을 드러내는 일이다. 이 런 생각을 하는 이들은 스스로 만든 감옥에 갇혀 있다. 감옥을 나올 열쇠마저 던져버렸다. 이들은 자신은 꿈을 이룰 수 없다 는 확신을 끝없이 자신에게 주입한다. 왜 자기 자신에게 이런 끔찍한 짓을 하는 걸까?

그런데 우리 중 다수가 매일 그렇게 하고 있다. 감옥이 미어 터진다. 나는 이 감옥을 '인식의 감옥'이라고 부른다. 이 감옥의 벽은 물론 진짜 벽이 아니다. 하지만 진짜 벽처럼 앞을 가로막 는다.

우리는 평생 축적한 추정과 생각으로 자신을 가둘 독방의 벽을 쌓는다. 당신에게도 이 독방을 이루고 있는 벽돌들이 낯 설지 않을 것이다.

+ 나는 머리가 나쁘다.
+ 나는 돈이 충분하지 않다.
+ 나는 시간이 충분하지 않다.

✤ 나는 좋은 대학을 나오지 않았다.

✤ 나는 실패가 두렵다.

✤ 나는 나이가 너무 많다.

✤ 나는 너무 어리다.

이런 부정적인 생각은 반복될수록 우리의 의식으로 더 깊이 파고든다. 그러다 결국 당신의 잠재의식을 지배해버린다. 우리의 잠재의식은 모든 것이 가능한, 경이롭고 영적인 장소다. 부정적인 생각이 잠재의식을 점령하면 실제 삶에서도 부정적인 일들이 힘을 얻고 득세하게 된다. 우리가 자신은 결코 부유한 삶을 살 수 없다고 믿는 것은 대개 이런 이유에서다. 그렇게 믿도록 잠재의식이 프로그래밍되었기 때문이다.

우리 중 다수가 자신이 만든 감옥에 갇혀 있다. 하지만 그 감옥은 우리 마음에만 있다. 시간이 흐르면서 우리는 감옥에 더욱 깊이 들어가고, 이 작은 공간이 자신이 가진 전부이자 가질 자격이 있는 전부라고 믿게 된다. 이런 마인드셋을 바꾸는 것은 쉽지 않다. 시간이 걸린다. 부정적 추정을 제압하려면 진지한 노력이 필요하다. 부정적 추정은 유전적인 동시에 환경적이다. 이 성향은 여러 세대를 거슬러 올라간다. 가족끼리 비슷한 성향을 보이는 이유다. 또한 우리는 태어나는 순간부터 살아가는 내내 스스로 환경에 맞추어 조건화된다.

앞서 말했듯 우리 세계의 사회규범은 학교에 가고, 직장을 얻고, 생계 안정에 전념하는 것이다. 당신의 부모님도 아마 이 방향으로 당신의 등을 밀었을 것이다. 학교 선생님들은 더 말할 것도 없다. 이쯤에서 이런 생각이 들 수 있다. '내가 이렇게 프로그래밍되었다면, 그것의 결과인 감옥이 어떻게 내 탓이란 말이지?'

내 이야기를 해보겠다. 나는 우연히 부의 원리를 익혔다. 앞서 말했다시피, 학창 시절 선생님이 내게 학업을 포기하고 대신 기술을 배우라고 했다. 나는 기술자의 길로 가지 않았다. 나는 고등학교를 졸업하지도 못했다. 이때가 1959년이었다. 나는 주유소에서 일하며 1년에 2400달러를 벌었다. 쉬는 날은 한 달에 3일뿐이었다. 나는 더 많이 원했지만 더 많이 얻을 방법은 알지 못했다. 그래서 그냥 남들이 하는 대로 나도 다른 일자리를 찾았다.

나는 운 좋게 동네에 있는 소방서에 들어갔다. 그때부터 생활이 호전됐다. 급여는 1년에 4000달러로 늘었고, 한 달에 7일의 주간 근무와 7일의 야간 근무만 소화하면 됐다. 나는 이게 생시인가 싶었다. 시간이 남아돌아 당구와 골프를 치며 놀았다. 화재가 나는 일은 매우 드물었기 때문에 손이 비는 날이 많았다. 거의 무위도식에 가까운 생활이었고, 나는 거기에 만족했다.

그렇게 나는 스물여섯 살부터 사실상 은퇴자의 삶을 살았다. 그러다 나폴레온 힐의 책을 만나게 됐다. 나는 책을 한 번 읽은 다음 다시 읽었다. 그리고 계속해서 읽었다. 읽고 또 읽었다. 입만 열면 술술 외울 정도였다. 그리고 서서히 내 주변 사람들도 나처럼 아무것도 하지 않는다는 것을 깨달았다. 그들은 생각이 없었다. 그들은 자신이 어디에 있고 싶은지, 무엇을 하고 싶은지에 대해 생각하지 않았다. 그들은 그저 남이 시키는 일을 하고, 나머지 시간에는 아무것도 하지 않는 것에 만족했다.

캄캄한 방에 전구가 탁 켜지는 듯한 경험이었다. 그 책에서 읽은 것을 실천하며 내 수입은 1년에 4000달러에서 17만 5000달러로 뛰었고, 나중에는 100만 달러를 넘겼다. 나는 고등학교도 졸업하지 못했고, 사업 경험도 전무했다. 내가 뛰어나게 똑똑한 사람은 아니라는 것은 누구보다 내가 잘 안다. 이것이 내가 다른 사람들을 연구한 이유다.

그동안 내가 성공과 부의 성취에 대해 배운 것에 비추어 봤을 때, 나 같은 사람은 절대 승자가 될 수 없었다. 그러나 나는 이기고 있었다. 그때 내가 배운 것들이 대부분 사실이 아니라는 것을 깨달았다. 우리는 자신이 생각하고 싶은 것을 생각하고 믿고 싶은 것을 믿는 대신, 외부에서 오는 영향이 자신의 내면세계를 좌지우지하도록 내버려둔다. 바깥세상에 자기 마음의 통제권을 넘긴 것이다. 이는 혼란을 일으키고 우리가 정말 원하지 않는 결과들을 만들어낸다.

잠깐만 생각해보면, 우리의 삶을 좌지우지하는 개념들이 얼마나 터무니없는지 알 수 있다. 하지만 우리는 이를 제대로 들여다보지 않고 별생각 없이 그저 하던 대로 한다. 자신이 자기 주위에 쌓아 올린 감옥 벽을 보지 못한 채 좁은 곳에서 살아간다.

우리는 이것을 바꿔야 한다. 쉬운 일은 아니다. 사실 평생 분투해야 하는 일이다. 믿으면 보인다는 말을 실천하고 내면화해야 한다. 거기에 집중하자. 이를 진심으로 받아들이면 꿈을 향해 나아가는 길이 점점 쉬워진다.

지금 소개할 이 방법은 진정한 삶의 방식, 즉 부유한 삶을 위한 첫 단계다. 당신은 인생을 바꾸는 일에 지금 바로 착수할 수 있다. 자세한 설명은 차차 하겠지만, 내가 말하는 것들을 적용해서 부를 향한 여정을 지금 바로 시작하자. 더는 인생을 낭비하지 말자. 자, 준비되었는가?

우선, 자신이 부를 이룰 자격이 있다고 믿어야 한다. 매우 간단해 보이지만, 많은 사람이 깨닫지 못하는 원리다. 우리는 돈을 너무 과대평가한다. 돈은 제공된 서비스에 대한 보상일 뿐이다. 돈을 많이 벌려면 서비스를 많이 제공하면 된다. 당신도 그렇게 할 수 있다. 당신에게도 그럴 권리가 있다. 당신도 책에 나오는 백만장자와 억만장자처럼 될 수 있다. 그러나 부를 원한다고 말하는 것만으로는 충분하지 않다. 부를 얻을 자격이 있다고 믿어야 한다. 믿음 없이 말만 하는 것은 한 발로는 브레이크 페달을, 다른 발로는 가속 페달을 밟는 것과 같다. 엔진은 돌지만 차는 움직이지 않는다.

많은 사람의 인식 속에서 부를 추구하는 것은 각종 부정적 정서와 뒤엉켜 있다. 부의 추구는 탐욕과 결부되고 자기 잇속만 차리는 행동과 동일시된다. 심지어 어떤 이들은 부의 추구를 사람의 내면을 파괴하는 일이라며 백안시한다. 하지만 부를 둘러싼 이런 부정적 정서들도 결국은 돈으로 행복을 살 수 없다는 관념과 다를 바 없다. 모두 부를 갖지 못한 것을 자위하는 변명에 지나지 않는다.

Bob Proctor

진실은 이렇다. 돈이 많아진다고 그 사람의 인간성이 달라지지 않는다. 돈은 이미 있는 인간성을 확대해서 보여줄 뿐이다. 돈에는 인성을 드러나게 하는 놀라운 능력이 있다. 인색하고 못된 사람이 돈을 벌면 그 나쁜 속성이 보란 듯이 명백하게 드러나게 된다. 반면 주위를 배려하고 남에게 인정을 베푸는 관대한 성품을 가진 이에게 부가 주어진다면? 어떤 좋을 일들이 벌어질지 생각만 해도 즐겁다.

돈이 사람의 성격을 바꾸지는 않는다. 비열하고 비정한 부자도 많지만, 그들이 돈이 많기 때문에 비열하고 비정한 것은 아니다. 흔히 개인의 결점을 두고 그 사람의 부를 탓하기 쉽다. 그러나 사실은 그 사람의 고약한 본성이 그저 돈을 매개로 드러났을 가능성이 높다. 사람의 본바탕은 부유하든 가난하든 쉽게 변하지 않는다.

내가 부유한 마음에 대해 말한 것을 기억하는가? 그 말의 요점은 이것이다. 부의 추구에 있어서 필요한 것은 관대한 정신과 창의적 호기심이다. 왜 그럴까? 돈을 버는 유일한 방법은 다른 사람들이 필요로 하는 가치를 제품이나 서비스나 아이디어의 형태로 제공하는 것이기 때문이다. 일상의 난제를 어떻게 해결할지, 또는 이미 있는 해법을 어떻게 더 빠르고, 더 효율적이고, 심지어 더 재미있게 만들지 궁리해보자. 더 중대한 문제를 해결할수록 더 많은 돈이 흘러들어온다.

예나 지금이나 부유한 사람들은 늘 다중 소득원을 보유했다. 다시 말해 그들은 고객에게 서비스를 제공하는 방법을 여러 갈래로 만들었다. 나는 다중 소득원을 수립하고자 하는 사람들이 아이디어를 공유하고 협력할 수 있는 장을 만들기 위해 체어맨스 클럽이라는 회사를 설립하기도 했다.

이기적이고 편협한 사람은 남들과 아이디어를 나누지 않는다. 하지만 앞서 말했듯 자기가 좋아하는 일을 하는 사람들은 기꺼이 자신의 아이디어를 공유한다. 빌 게이츠를 생각해보자. 1970년대 후반의 그는 컴퓨터의 엄청난 잠재력에 매료된 젊은 이였다. 나는 게이츠가 돈을 따라 움직인 사람이라고 생각하지 않는다. 그는 믿기 힘든 도전을 설정하고, 그것을 달성해 세상을 바꾼다는 어마어마한 가능성을 추구한 사람이었다. 어떤 이들은 그가 현재 누리는 가공할 부를 혼자 누릴 자격이 없다고 말한다. 하지만 사실상 게이츠는 디지털 혁명을 주도해 전 세계인의 삶의 질을 향상했다. 그의 재산이 얼마든, 그가 세상을 불가역적으로 바꾸며 인류에 공헌한 정도에는 필적하지 못할 것이다.

현재 게이츠는 시대의 아이콘이지만, 30년 전에는 그저 대학 중퇴자일 뿐이었다. 그러나 그는 자신의 꿈을 따라 행동했고, 꿈을 현실로 만들었다. 누구나 그처럼 할 수 있다. 당신도 지금 당장 시작할 수 있다. 더 가치 있는 기량을 개발하고, 부유한 멘토들과 네트워크를 형성하고, 사람들에게 서비스할 방법을 강구할 수 있다. 이런 행동에 나서야만 아이디어가 나온다. 그리고 그 아이디어는 부를 향한 당신만의 구체적이고 유일무이한 길이 되어준다.

부에 대한 의식이 달라지면 새로운 기회가 보인다. 그 기회를 평가할 때 염두에 두어야 할 것이 있다. 바로 '수동 소득', 즉 일하지 않아도 자동으로 들어오는 수입이다. 이것이 핵심 개념이다. 수동 소득이란 쉽게 말해 한 번 일하고 여러 번 대가를 받는 것이다. 생각해보라. 당신이 하는 일이 당신의 시간을 돈과 맞바꾸는 것뿐이라면 당신의 부는 한정적일 수밖에 없다. 어쨌거나 하루치 시간은 한정적이기 때문이다.

이 문제를 어떻게 해결해야 할까? 지속적인 참여와 주의가 필요하지 않은 소득원을 만들어야 한다. 이런 소득원에서 소득이 흘러나와 당신에게 쌓이는 동안, 당신은 귀중한 시간을 더 많은 소득원을 창출하는데 쓸 수 있다.

앞서 나는 믿음이 부유한 마음의 초석이라고 말했다. 지금 당장은 허무맹랑해 보이는 믿음을 어떻게 단단하게 다질 수 있을까?

우선, 부를 이룬 자신을 시각화해야 한다. 목표를 이루고 부를 얻었을 때 달라져 있을 당신의 삶을 마음속에 자세히, 그리고 적극적으로 그려본다. 그것을 종이에 적는다. 당신이 살게 될 집의 모습, 벽의 색과 가구 스타일, 저녁 식탁에 오를 그릇과 다과를 먹을 때 쓸 식기까지. 부유한 미래를 구체적이고 현실적으로 그려보자. 잡지에서 사진을 잘라내 새로운 집을 꾸며봐도 좋다. 그 이미지들이 나를 그런 미래로 이동시켜줄 것이다. 매일 그곳에서 얼마간 시간을 보내자. 마치 내가 이미 부를 이룬 것처럼.

어떤 이들은 이를 백일몽이라고 부른다. 내가 장담하는데 그런 사람들은 부자가 아닐 것이다. 시각화는 백일몽이 아니라 가능성을 붙잡게 해주는 마음 훈련이다. 당신의 삶이 변하고 있으며 부가 손 닿는 거리에 있다는 생각에 전념하게 해주는 연습이다. 이 훈련을 통해 마음의 힘을 이용하게 되면, 부는 필연이 된다!

부유한 사람들은 의외로 조용히 생각하는 데 많은 시간을 쓴다. 회사 사장이 멍하니 허공을 응시하고 있는 것을 본 적이 있을 것이다. 그때 당신은 그가 아무것도 하지 않는다고 생각했겠지만, 그때 사장은 부와 성공의 다음 단계, 다음에 오를 산을 마음에 그리고 있었을 가능성이 크다. 그는 정상에 도달하는 자기 모습을 보고 있었을 것이다.

부유한 사람들은 혁신과 창의, 즉 자신의 회사를 다음 단계로 끌어올릴 묘수가 일상적 운영 업무에 있지 않다는 것을 안다. 이것이 그들이 직원을 고용한 이유다. 부유한 마음은 그들에게 새로운 아이디어가 부의 생명선이며, 부를 실현하는 장면을 시각화하는 것이 성공의 필수 조건임을 가르쳐주었다. 목적지를 분명히 정하지 않은 채 어떻게 그곳에 도착할 수 있겠는가? 부유한 사람이 목표에 도달했을 때 그곳은 그들에게 낯선 곳이 아니다. 그들이 정확히 기대했던 곳이다. 그들은 시각화를 통해 이미 그곳에 가봤기 때문이다.

목적지를 모르면서 차에 올라 운전을 시작하면 어떻게 될까? 아마 얼마 가지 않아 길을 잃을 것이다. 경로를 정하고, 지도를 살핀 다음에 여정에 올라야 마음이 든든하다. 그런데 너무나 많은 사람이 지도 없이 인생을 살면서 그 행로에서 마주치는 것들을 별생각 없이 받아 든다. 싫어하는 일을 꾸역꾸역

하면서 결코 더 나은 길을 모색하지 않는다. 그들은 그저 익숙한 것만을 받아들인다. '그 너머'를 생각해보는 시간을 갖지 않는다.

시각화는 매우 중요하다. 이를 명심하기를 바란다. 시각화는 잠재의식에 있던 당신의 꿈을 당신의 의식이 닿을 수 있는 영역으로 불러낸다. 효과적인 시각화를 위해서는 부정적인 생각을 마음에서 몰아내야 한다. 물론 말처럼 쉽지만은 않다. 부정적 사고라는 악습관에 빠진 사람이 너무나 많다. 그들은 자신의 형편이나 직업에 대해 불평하고, 친구나 동료가 내뱉는 불평불만에 동조하기 좋아한다. 그들은 이런 종류의 부정적 사고를 현실적이고 이성적인 판단이라고 믿는다. 기대 수준을 낮게 유지해야 실망할 일이 없다는 논리를 펴기도 한다.

글쎄, 내가 들어본 말 중에 가장 어이없는 소리다. 도대체 어떻게 꿈을 꾸지 않는 것이 더 낫다고 믿는 지경이 됐단 말인가? 얼마나 기대해야 너무 기대한다고 말할 수 있을까? 시작도 해보기 전에 자신의 꿈을 밟고 목표를 꺾는 일이 어떻게 좋은 생각일 수 있는가?

그러나 불행히도 이런 부정적 사고가 우리 사회의 통칙이 되었다. 널리 수용되고 널리 행해진다. 따라서 이런 생각을 마음에서 밀어내려면 진지하고 의식적인 노력이 필요하다. 매 순간 부정적인 생각이 마음에 스며들고 때처럼 끼지 않게 바싹 경계해야 한다. 부정적 사고는 당신의 발목을 잡고 당신의 길을 막아설 뿐이다. 어떤 부류의 생각이 당신의 마음을 장악하는지 엄히 단속하자. 당신의 긍정적이고 창의적인 에너지가 낳은 원대한 발상에 집중하면, 더 멋진 결과를 얻을 수 있다.

하지만 신중하게 생각하자. 자신의 내적 대화를 면밀히 모니터링하자. 특히 남이 당신에게 돈, 재정, 부에 대해서 하는 말은 신중히 걸러 들을 필요가 있다. 스스로 부를 달성한 적이 없는 사람들의 생각은 무시하는 편이 낫다는 것을 유념하기 바란다.

반대로 정말로 부유한 사람에게 지혜를 얻을 기회가 생기면 열린 마음으로 받아들이고, 그들의 말을 내 마음속 내적 대화의 일부로 만들어야 한다. 선뜻 이해되지 않거나 동의할 수 없더라도 일단은 유념해두자. 어쨌거나 그들은 내가 막 시작한 길을 이미 여행해본 사람들이 아닌가. 알 수 없는 곳으로 지도도 없이 무작정 떠나고 싶은 사람은 없을 것이다. 이미 가본 사람들의 조언은 지도가 된다. 그들은 길을 안다. 그들의 말을 『오즈의 마법사』에서 도로시 일행을 에메랄드시로 안내하는 노란 벽돌 길처럼 생각하자.

덧붙여, 당신이 어디에 집중하고 있는지 늘 깨어 있자. 말은 부를 원한다고 하면서 끊임없이 돈 걱정을 하며 부를 밀어내선 안 된다. 예를 들어 공과금과 융자금 걱정으로 밤이 새고 날이 진다면, 그것은 부를 끌어당기는 삶이라고 할 수 없다. 이는 '결핍의 마인드셋'에 빠져 있는 삶이다. 걱정은 부정적인 목표 설정이다. 일어날 수 있는 나쁜 일들을 곱씹는 것은 그 일이 일어나라고 비는 것과 같다. 이는 시각화의 정반대다. 당신에게 없는 것을 걱정하다 보면 당신이 원하는 것에 집중하지 못하게 된다. 그러면 부는 영원히 당신의 것이 될 수 없다. 걱정을 끊기는 쉽지 않다. 나 역시 걱정을 밀어내는 것이 힘들다. 정도의 차이일 뿐, 걱정이 없는 사람은 없다. 그럼, 어떻게 이런 초점의 전환을 이룰 수 있을까?

당신이 이런 상황에 처해 있다고 상상해보자. 당신은 어떠한 실수도 용납하지 않는 사람을 상사로 둔 비서다. 한 번이라도 실수하면 즉시 해고당한다. 이때 당신은 업무의 중점을 어디에 두어야 할까? 업무를 성공적으로 해내기 위해 최선을 다하는 것? 아니면 실수할까 봐 전전긍긍하는 것? 실수하지 않겠다는 좁은 과제에 집착하면 두 가지 일이 일어난다. 첫째, 업무의 전반적인 질이 떨어진다. 강박증이 당신의 창의력과 사고력을 억

누르기 때문이다. 둘째, 마음의 초점이 실수에 있기 때문에 그렇지 않을 때보다 오히려 더 많이 실수한다.

같은 맥락에서, 생활비와 공과금 걱정에 얼마나 많은 시간과 에너지를 쓰는지 생각해보기 바란다. 지출 명세를 끝없이 추적하고 합산하는가? 무엇을 언제 어떻게 지불할지 계속 재조정하며 시간을 쓰는가?

걱정이 넉넉하지 않은 통장을 채워줄까? 그렇지 않다. 걱정은 당신의 창의적 에너지를 갉아먹고, 문제를 바로잡고 개선할 방법을 떠올릴 시간과 여지를 바닥낸다. 근심은 더 많은 부정적인 에너지와 좌절감을 끌어들일 뿐이다. 생각이 어떻게 현실이 되는지에 대해서는 이어지는 장에서 자세히 논하겠다. 일단 지금은 마음의 초점을 자신이 가지고 있지 않은 것에서 가지고 싶은 것으로 옮기는 데 주력하자. 이는 아무리 자주 말해도 지나치지 않다. 긍정에 집중하자.

내가 원하는 삶을 시각화하고, 부정적인 생각을 피하고, 긍정에 집중한다. 이 세 가지 기법만 사용해도 당장 삶이 변하기 시작하는 것을 느낄 수 있다. 이 세 가지 기법은 새 삶을 지을 토대를 놓는 동시에 새 삶으로 빠르게 도약할 발판을 제공한다. 부는 사람을 차별하지 않는다. 기회는 부를 원하는 모두에게

열려 있다.

부의 원리를 익히는 첫 번째 단계는 자신에게 삶을 더 낫게 바꿀 힘과 권리가 있음을 이해하는 것이다. 우리는 고군분투하며 사는 데 익숙한 나머지 어떤 상황이든 닥치는 대로 받아들인다. 그러느라 급급해서 자신에게 삶을 선택할 힘이 있다는 것을 좀처럼 깨닫지 못한다. 당신을 불행하게 만드는 삶에 안주할 이유도 핑계도 있을 수 없다. 돈이 충분치 않은가? 삶의 요소들이 당신의 욕망에 미치지 못하는가? 그렇다면 당신이 할 일은 적극적으로 결핍의 마인드셋을 풍요의 마인드셋으로 바꾸는 것이다. 이는 피해의식을 책임의식과 권한의식으로 전환하는 것을 뜻한다.

당신 인생의 통제권은 당신에게 있다. 지금 당신이 있는 곳은 당신이 선택한 결과다. 얼핏 절망적으로 들리겠지만, 이는 희소식이다. 정말이다. 지금 당신이 있는 자리가 마음에 들지 않는다면, 당신에게 그것을 바꿀 힘이 있다는 뜻이니까!

만약 당신이 지금 있는 자리에 비교적 만족하지만, 그저 돈을 더 많이 벌고 싶다면? 그런 경우가 시작하기 딱 좋은 조건이다. 부를 원한다고 해서 당신이 감사할 줄 모르거나 불행한 사람인 것은 아니다. 이미 남부러운 것 없는 인생을 누리고 있어도 더 높은 곳을 바랄 수 있다. 전혀 이상하게 여길 것이 없다. 앞서 말했듯 우리의 잠재력은 무한하다. 따라서 더 나아지려고 노력하는 것은 아주 이상적인 일이다. 더 많이 배우고, 더 많이 알고, 더 많이 성취하려 애쓰는 것은 전혀 이상한 일이 아니다.

문제는 더 많은 것을 향한 당신의 분투를 남들이 잘못 읽을 때 발생한다. 그들은 당신이 분투하는 이유가 현재 당신이 불행하기 때문이라고 본다. 그들은 "가진 것에 만족해야 해"라고 말한다. 이는 성공하지 못한 사람들이 더 많이 성취하지 못한 것을 합리화하기 위해 자주 동원하는 퇴행성 논리다.

이 논리는 현재 상황에 만족하지 않거나 삶에서 더 많은 것을 욕망하는 태도는 비정상적이라는 견해를 암시한다. 어불성설이다. 분투하고, 갈망하고, 추구하는 것은 인간의 본성이다. 실패를 받아들일 핑계를 만들고, 남들에게도 그렇게 할 것을 종용하는 것은 비겁한 자기방어술이다. 거기에 말려들지 말 것을 강력히 권고한다. 자신과 함께 남들까지 끌어내리려는 행동이야말로 가장 비인도적이다.

이런 유형의 논리가 특히 위험한 이유는 타인이 자신의 욕망을 부정하고 삶을 수동적으로 받아들여 욕망과 꿈의 추구를 단념하게 만든다는 데 있다. 실패해도 무방하다고 말함으로써 책임을 회피하게 한다. 그리고 이렇게 속삭인다. '여기에 나랑 같이 머물러 있자. 그게 더 편해.' 이런 비뚤어진 변명은 모두를 책임 없는 열외자로 만든다. 천만의 말씀이다. 자신의 꿈과 욕망을 부정하는 길이 가장 고달픈 길이다. 그런데도 우리 중 많은 이가 그 길을 걷는다.

당신에게 대담하라고 말하고 싶다. 새로운 미래를 창조할 책임을 수용한다는 것은 현재의 삶을 만든 책임도 자신에게 있음을 인정한다는 뜻이다. 많은 이가 이를 인정하기를 몹시 어려워한다. 앞서 경고했다시피 부유한 마음으로의 전환이 그리 쉬운 일은 아니다. 다시 말하지만, 삶의 통제권은 자신에게 있으며, 따라서 지금껏 살아온 인생은 지금껏 스스로 해온 선택의 결과라는 사실을 인정해야 한다.

여기서 잠깐, 혹시 이 문단을 읽으면서 '그렇기는 한데…'로 시작하는 생각이 드는가? 그렇다면 이 장의 처음으로 돌아가서 다시 읽기를 권한다. 아직 이해하지 못했다는 뜻이니까.

이 말을 심술궂은 비난으로 듣지 않았으면 한다. 진실을 듣는 것은 매우 중요하다. 이번 생에서 꿈을 이루기 위해서는 이를 듣고, 이해하고, 진실로 받아들여야 한다. 이 진실은 남 탓을 허용하지 않는다. "네 잘못이 아니야"라는 위로도 기대하지 않는 게 좋다. 당신이 과거에 겪었던 일들이 현재의 변명거리나 프리패스 요건이 되지는 않는다. 부디 이것을 이해하기 바란다. 원하는 것을 얻는 길에 '그렇기는 한데…'라는 말은 있을 수 없다!

당신의 내면에는 막대한 부를 창출할 힘이 있다. 지금까지 그 힘을 사용해본 적이 없다면, 원망은 자기 자신에게만 쏟아내자. 당신을 가둔 인식의 감옥을 지은 사람은 바로 당신이다. 그리고 그 감옥에서 탈출할 힘도 오직 당신에게 있다.

돈에 대한 인식을 바꾸라

✢

"돈은 사악하다" "돈을 원하는 것은 도덕적이지 않다" 이 거짓말이 얼마나 많은 선善을 막아왔는지! 돈에는 어떠한 감정도 의도도 없다. 돈은 그저 교환 수단일 뿐이다. 돈이 사악하게 쓰일지 유익하게 쓰일지는 오로지 개개인의 타고난 본성에 달려 있다. 그리고 사람의 본성은 돈의 유무에 따라 변하지 않는다.

앞에서 말했다시피 돈은 그저 우리의 본모습을 드러내 보여줄 뿐이다.

돈에 대한 부정적 편향이 팽배하다 보니, 기회가 와도 무의식적으로 거부하는 사람들이 많다. 그들은 부유하고 풍요로운 삶을 향한 길에 발을 들여보기도 전에 그 길은 너무 벅차거나 비도덕적이라고 판단해버린다. 그리고 멍하니 남들이 꿈을 이루는 것을 바라보는 구경꾼으로 남는다.

돈은 수많은 긍정적인 결과를 낳을 수 있다. 당신이 그렇게 만들 수 있다. 긍정에 집중하자. 그래야 남들이 꿈을 이루는 것을 구경하는 관객석에 머물지 않고, 당신도 자신의 꿈을 이루는 무대에 오를 수 있다. 돈이 주는 긍정적 결과 중 하나는 남을 도울 능력이 생긴다는 것이다. 돈이 있으면 당신이 도울 수 있는 범위가 가족, 친구, 사회로 확대된다. 지역적, 세계적으로 사람들의 삶의 질 향상을 위해 일하는 많은 재단과 단체가 있다. 부의 창출은 당신에게만 좋은 일이 아니다. 당신에게 가까운 사람들은 물론이고 도움이 필요한 곳에 손길을 건넬 수단을 창조하는 일이기도 하다.

또한 부는 인생을 즐길 자유를 준다. 우리 중 대다수가 무언가를 기다리면서 생을 보낸다. 가족과 보낼 휴가를 기다리고,

자신이 하고 싶은 일을 할 수 있는 때를 기다린다. 하지만 그 시간은 너무나 짧다. 순식간에 지나가고 찰나에 끝난다. 그래서 우리는 마냥 기다린다. 또 한 달, 또 한 해. 그러다 문득 세월이 눈앞에서 훌쩍 사라져버린 것을 깨닫는다. 그러나 부를 창출하면 가족과 많은 시간을 보내고 원할 때 아무 때나 여행을 떠날 수 있다. 고작 두 주간의 자유를 위해 1년 내내 기다릴 필요가 없다. 심지어 그것은 진짜 자유도 아니다. 1년 내내 이어지는 감옥 생활에서 잠시 풀려나는 것일 뿐이다.

지속적인 소득원은 엄청난 자신감을 안겨주고 미래에 대한 긍정적인 전망을 부여한다. 나이가 들어서 신체적, 경제적 활동이 어려워졌을 때를 걱정하지 않아도 된다. 정부나 가족이 노후를 보장해주지 못해도 불안하지 않다. 부유하다는 것은 평생 보살핌을 받을 수 있다는 뜻이다.

또 부는 타인을 더욱 관대하게, 더욱 솔직하게 대하게 해준다. 나는 이 책을 통해 부에 대한 모든 원리를 여러분과 공유할 것이다. 왜 그럴까? 남들도 내가 배운 것에서 득을 볼 수 있다는 것을 알기 때문이다. 당신이 부를 이루면 당신도 남들에게 같은 도움을 주리란 것을, 부를 향한 길을 공유하리란 것을 알기 때문이다.

인간의 마인드야말로 세상에서 가장 강력한 부 창출 도구다. 당신이 누구인지는 중요하지 않다. 지금까지 당신이 무엇을 했는지도 중요하지 않다. 현재 당신에게 어떤 역량이 얼마나 있는지조차 그다지 중요하지 않다. 돈과 부를 생각하며 그와 연관 있는 온갖 긍정적인 것을 떠올리자. 긍정적인 생각이 반복을 통해 당신의 잠재의식에 새겨진다. 그러면 매우 자연스럽게 돈에 대해 긍정적으로 느끼게 된다. 전에는 전혀 없었던 기회가 생기고, 그렇게 부가 쉽고 빠르게 여러분의 인생에 들어오게 된다.

인생의 열쇠는 생각에 달려 있다

✢

이용할 줄 모르면 기회가 와도 쓸모가 없다. 따라서 우리는 기회를 다루고 자신에게 맞는 기회를 만드는 방법을 익힐 필요가 있다. 이를 위해 다시 학교에 갈 필요는 없다. 그런 것을 가르쳐주는 학교도 없다. 나 역시 부의 원리를 개인적인 독서와 집중적인 지식 추구를 통해 배웠다. 세계적인 부호들이 쓴 책이 무척 많고, 그중에는 놀랄 만큼 유익하고 냉철한 책도 꽤 된다. 정말로 배우려는 마음만 있다면, 이미 기회를 잡은 사람들이 남긴 글이 기회 활용을 배우는 좋은 수단이 된다.

도움이 되는 진실한 조언을 제공하고 효과적인 전략을 전수해줄 멘토를 구하는 방법도 있다. 하지만 당신에게 적정한 마인드셋이 없다면 모든 것이 허사다. 마인드셋은 성공의 가장 중요한 부분이다. 제대로 된 마인드셋이 준비되어야 필요한 지식을 스펀지처럼 빨아들일 수 있다. 이것이 내가 교육 수준을 언급하지 않은 이유다. 학위가 세상살이에 얼마간 도움을 줄지는 몰라도, 부를 얻는 데 가장 필수적인 요소는 아니다.

어느 날 TV에서 한 프로그램을 보았다. 한 유명인이 등장해 경영대학원 학생들에게 질문을 받고 조언해주고 있었다. 그는 엄청난 학벌을 자랑하는 사람이었다. 그런데 그는 학생들에게 교육은 부차적인 것이라고 말했다. 그는 성공에 가장 중요한 것은 열망이라고 딱 잘라 말했다.

당신이 개인적으로 아는 사람 중에도 엄청나게 똑똑하고 학위도 몇 개나 있지만 부자는 아닌 사람들이 있을 것이다. 반대로 수준 높은 교육은 받지 못했지만, 누구보다 놀라운 성공을 거둔 사람들도 있을 것이다. 나도 그런 사람을 많이 안다. 당장 주위 사람들을 종합해서 평균을 내보면 교육 수준이 부를 결정하지 않는다는 것을 금방 알 수 있다.

교육 수준은 높지 않아도 제대로 된 마인드셋을 갖추고 부의 증대에 집중하는 사람이라면, 남들보다 유리하게 부를 창출할 사업을 알아볼 수 있다. 돈을 버는 것은 타인의 니즈needs(필요)와 원츠wants(욕구)를 충족시키는 일과 직결된다. 누군가의 필요에 대응하지 못하거나 욕망을 채워주지 못하면 어떠한 매매도 거래도 일어나지 않는다. 고객, 협력업체, 동료, 친구, 가족에게 더 나은 서비스를 제공할 방법을 찾는 것이야말로 당신이 진정 원하는 부에 이르는 길이다.

당신이 누군가를 위해서 가치를 제공하고자 하는 마음을 간직하고 있다면, 이것이 매일의 결정과 행동에 저절로 반영될 수 밖에 없다. 초점이 타인과의 공생에서 자신만의 이득으로 옮겨가면 문제가 발생한다. 생각이 해법보다 문제에 집중될 때도 마찬가지다. 다시 부정적인 생각 패턴에 빠지게 되고, 그 결과가 사업에도 반영된다. 사람들은 당신의 문제에 관심이 없다. 하지만 당신은 그들의 문제를 해결하는 것을 도와줌으로써 당신의 문제를 해결할 수 있다. 이 점을 잊지 말자.

사람은 본성적으로 자기 자신에게만 집중되어 있다. 하지만 성공하려면 먼저 다른 사람의 욕망을 채워줘야 한다. 자신을 사업가로 생각하지 않더라도 남들의 니즈를 충족시키는 것을 삶의 주목적으로 삼아야 한다. 당신은 일상에서 각양각색의 사람들을 만난다. 이때 당신의 니즈보다 그들의 니즈에 집중하면 성공 가능성이 기하급수적으로 증가한다. 그리고 그 과정에서 당신의 니즈 또한 충족된다.

내가 삶의 변화에 대해 말할 때 사람들은 공통적으로 위험부담을 걱정한다. 나는 위험부담이 걱정인 점 자체가 신기하다. 부유한 사람들은 결코 자신이 위험을 무릅쓰고 있다고 생각하지 않는다. 사실, 보통 사람이 위험부담으로 여기는 것은 부유한 마음을 가진 사람에게는 가벼운 걱정거리조차 되지 못한다. 위험부담이란 결국 인식의 문제이고, 두려움에서 비롯된 것이기 때문이다.

아이들은 도전하는 데 망설임이 없다. 사실 우리 모두 그렇게 태어났다. 걱정하는 성향은 전적으로 후천적으로 학습된 것이다. 만약 아이들이 위험을 두려워한다면 결코 걸음마를 떼지도, 뛰지도, 자전거를 타지도 못할 것이다. 당신이 어릴 때 했던 모험을 생각해보라. 그중 위험부담을 수반하지 않는 것도 있었나? 내가 아는 아이들 대부분은 담요를 목에 둘러매고 자신을 슈퍼히어로라고 상상한다. 그리고 침대에서, 나무에서, 심지어 지붕에서 뛰어내린다. 어린아이의 세계는 모험으로 가득하고 무한한 가능성을 향해 열려 있다. 그러다 나이를 먹으면서 위험부담은 해로운 것이라고 배우게 되고, 일어날지 모를 일에 대한 두려움이 빛나는 가능성에 그림자를 드리운다.

간혹 비행기 타는 것을 무서워하는 사람들이 있다. 그들에게 그 이유를 물어보면 대개는 비행기가 추락할까 봐 겁난다고 말한다. 비행기 추락 사고로 죽을 가능성보다 자동차 운전 중에 죽을 가능성이 통계적으로 훨씬 높다는 것은 누구나 아는 사실이다. 하지만 비행기 탑승을 무서워하는 사람들도 자동차 운전하기를 주저하지 않는다. 그들의 비행 공포증은 대체로 근거 없는 두려움이다. 삶에 제약을 가하고, 엄청난 스트레스와 불안을 야기하는 것은 실제 위험이 아니라 '위험 인식'이다. 사람들에게 부유해지는 법을 전할 때 나는 비슷한 기우를 많이 접한다. '만약 안 좋은 일이 생기면 어쩌지?'라는 공포가 그들의 판단을 흐리고, 가능성을 갉아먹는다.

이런 비이성적인 공포를 극복하는 방법으로 내가 종종 제시하는 훈련이 있다. 일명 '그러면?' 훈련이다. 예를 들어 창업하고 싶지만 회사를 그만두기 겁난다는 사람에게 나는 이렇게 묻는다. "창업하면 무슨 일이 생기는데요?" 그리고 이어서 말한다. "사업에 성공하거나 실패하거나 둘 중 하나겠죠. 사업에 실패한다고 칩시다. 그러면요? 그러면 사업을 접고 다른 직장이나 다른 수입원을 찾겠죠. 그러면요? 지금보다 더 나빠질 게 있나요? 아뇨. 당장 가족이 굶어 죽거나 노숙자가 될까요? 아뇨. 그런데 하늘이 무너질 것처럼 구는 이유가 뭔가요?"

불확실성에 직면했을 때 생겨나는 두려움을 그냥 방치하면, 부정적인 감정은 비이성적인 수준까지 증폭한다. 두려움과 싸우는 유일한 방법은 머릿속에 떠오르는 갖가지 가정을 찬찬히 따져보는 것이다. 그러면 그것들이 기껏해야 사소한 불편에 지나지 않는다는 것을 빠르게 깨닫게 된다. 도전의 결과가 어떻든 죽을 일은 없다. 심지어 밑져야 본전이다. 일이 틀어져도 지금보다 나빠질 건 없다. 하지만 잘되면 지금보다 훨씬 좋아진다! 시련을 겪을 때나 역경을 만났을 때 삶의 힘든 시기는 일시적이라는 것을 상기할 필요가 있다. 우리에겐 언제나 내일이 있다. 숨이 붙어 있는 한 언제나 삶을 바꿀 기회가 있다. 하루하루가 인생 전환의 새로운 기회다. 당신의 인생이 이 상태로 끝나거나 비참한 결말을 맞을 거라는 인식은 오직 당신의 마음속에만 존재한다. 이 인식은 당신의 세상을 한정하고, 당신을 그곳에 가둔다.

    다음 장으로 넘어가기 전에 내가 말하고 싶은 마지막 한 가지는 바로 이 '현실'이라는 개념이다. 오늘날 당신이 사는 현실은 당신이 과거에 했던 노력의 발현이다. 과거의 노력이 현재의 결과를 만들어낸 것이다. 하지만 주식 투자나 뮤추얼 펀드에서 으레 충고하는 것처럼, 과거의 성과는 미래의 결과를 보장하지 않는다. 당신의 미래는 무한한 가능성의 영역에 있다. 미래는 과거에 의존하지 않는다. 오늘 생각하는 것이 앞으로 얻을 결과를 결정한다. **거듭 강조하건대 과거는 미래와 하등 관련이 없다. 당신이 내리는 각각의 결정과 떠올리는 모든 생각이 이 순간부터 당신의 미래를 만들어나간다. 바로 지금이 당신의 미래를 바꿀 기회다.**

    남들이 당신에게 현실을 말할 때, 그들이 말하는 것은 사실 자신이 지닌 개념일 때가 많다. 즉 그것은 당신의 현실이 아니라 그들의 현실이다. 또한 그들은 자신의 두려움을 당신에게 투사하기도 한다. 하지만 남들의 인식과 두려움은 당신이 꿈을 실현하는 능력과 아무런 상관이 없다. 그들의 지적과 경고가 선의에서 비롯됐다 해도, 그것은 당신의 발목을 잡을 뿐이다.

Bob Proctor

그들은 당신이 무력하다는 개념을 당신에게 주입한다. 내 말을 믿기 바란다. **당신은 무력하지 않다. 당신이 과거에 어떠했고 무엇을 했든, 지금까지 당신이 무엇을 성취했고 어떤 기회를 놓쳤든, 그것은 중요치 않다. 당신은 지금 당장 인생을 바꿀 수 있다.** 가장 중요한 것은 부를 이루겠다는 당신의 열망과 이를 기반으로 한 마인드셋이다. 유일하게 유효한 현실은 당신이 마음에 만드는 현실이다. 바로 오늘, 지금 여기서 시작하자.

나는 오래전부터 코칭 프로그램을 운영해왔다. 이 프로그램에서는 13개월 동안 참가자들에게 꿈꾸는 삶을 만들려면 내적 변화가 필요하다는 것을 일깨우고, 그 변화를 만들 방법을 지도하고 교육한다. 이 프로그램에 참여했던 사람 중에 크리스 게리에로라는 진중한 학생이 있었다. 크리스는 13개월 프로그램을 마치고 2년 후에 내게 편지를 보냈다. 그 편지에는 자신의 인생이 얼마나 극적으로 변했는지 적혀 있었다. 그는 자기 삶뿐 아니라 가족 모두의 삶이 바뀌었다고 말했다. 코칭 프로그램 비용을 내기 위해 신용카드 여러 개를 써야 했지만, 그 투자가 하나도 아깝지 않았다고 했다. 그가 한 말이 기억난다. "이번에 처음으로 월수입이 100만 달러를 기록했어요." 그 잠재력은 늘 크리스 안에 있었다. 그에게 필요했던 것은 그것을 제대로 사용하는 방법이었다.

　남의 이야기가 아니다. 당신 안에도 삶을 송두리째 바꿀 힘이 숨어 있다. 그것을 제대로 사용하기만 한다면, 멀게만 느껴졌던 꿈이 눈앞의 현실이 될 것이다.

부의 마인드셋을 기르는 법칙

❶

✤ 부는 축적의 문제가 아니라 순환의 문제다.

✤ 나와 억만장자의 유일한 차이는 마인드셋이다.

✤ 믿는 대로 보인다. 인생에서 일어나는 어떤 것이든 먼저 믿어야 그것이 현실에 나타난다.

✤ 돈은 나쁜 것이 아니다. 돈은 사람이 원래 지닌 품성을 부각할 뿐이다.

✤ 부의 창출은 가치를 더하는 일에서 비롯된다.

✤ 자신이 꿈꾸는 부유한 삶을 시각화하라.

✤ 부정적인 생각을 없애고 긍정에 집중하라.

✤ 삶의 문제들을 걱정하기보다 자신이 원하는 삶에 집중하라.

· 2장 ·

내면의 거대한
잠재력을 깨우자

분야를 막론하고 자신의 분야에서 최고의 자리에 오른 사람은 그 일을 진심으로 즐기는 사람이다. 그들에게 일은 그 자체로 보상이다. 그들은 가치를 창출하는 방법을 알고, 이를 즐긴다. 그들은 단지 돈을 벌기 위해 일하지 않는다. 그렇다고 공짜로 일할 생각은 없다. 이 점을 이해하는 것 또한 중요하다. 밖에서 보면 이해하기 어려울 수 있다. 부자에게는 더 이상의 돈이 필요 없으며, 그들이 일하는 이유는 돈을 더 벌기 위해서도 아니다. 그렇다면 부자들은 왜 일을 놓지 않을까?

흔한 오해 중 하나가 일을 그만두기 위해서 저축한다는 것이다. 이는 부유한 마음이 없는 사람들이나 하는 생각이다. 사람들이 내게 항상 묻는 말이 있다. "언제 은퇴할 생각이세요?" 내 대답은 늘 같다. "제가 좋아서 하는 일을 왜 그만두겠어요?" 내게 은퇴란 매일을 풍요롭게 채우던 일을 포기하고 삶의 현장에서 물러나는 것을 의미한다. 내가 대체 왜 그런 선택을 하겠는가?

부유한 사람들의 주요 화제는 돈과 소득 창출이다. 그들은 은퇴라는 단어는 거의 입에 올리지 않는다. 은퇴를 갈망하는 사람들은 평생 즐겁지 않은 일, 또는 아무 열정도 없는 일을 하면서 사는 사람들뿐이다. 마찬가지로 노후를 위해 저축해야 한다는 말도 내게는 미친 소리처럼 들린다. 노후를 위해 저축한다는 발상은 미래에 원하는 삶을 살 돈을 비축하기 위해 지금 살고 싶은 삶을 포기하겠다는 것이다. 주객이 전도된 논리다. 발상 전체가 미래의 결핍에 대한 두려움으로 칭칭 싸여 있다. 돈과 에너지를 그냥 비축하는 대신 훨씬 좋은 용도에 써야 한다. 나이가 들고 건강이 시들어도 평생 지속적으로 돈이 나올 소득원을 만드는 데 써야 한다.

부유한 사람들에게는 일이 삶에 대한 열정을 불태우는 에너지원 그 자체다. 세계적인 부호이자 거물 투자가 워런 버핏이 좋은 예다. 그는 수백억 달러를 벌고 수백억 달러를 기부했다.

버핏에게는 더 많은 집이나 자동차가 필요하지 않았다. 그에게 무엇이 더 필요하겠는가. 무엇보다 분명한 것은 그는 조기 은퇴를 위해 일하는 사람이 아니라는 것이다.

그렇다. 버핏이 매일 일하는 이유는 그가 고객에게 필요한 제품을 공급해서 이익을 창출하고, 주주들에게 가치를 돌려줄 기업을 찾아 투자하는 일을 좋아하기 때문이다. 자기 삶의 열정이 그 일에 있기 때문이다. 따라서 그는 사업의 모든 단계에 열정적일 수밖에 없었다.

진심으로 열정을 바칠 직업이나 사업을 찾으면 더는 일이 일처럼 느껴지지 않는다. 일할 때마다 아드레날린이 솟는다. 열정을 바칠수록 업무에 능통해지고, 역량이 올라갈수록 일이 매일의 활력소가 된다. 그 열정은 남들이 목표를 달성하도록 돕는 데까지 이어진다.

나 역시 사람들에게 인생 격상의 원칙을 가르치는 일을 하며 이런 기분을 느낀다. 나는 매일 아침 열의에 차서 일어난다. 어서 하루를 시작하고 싶어 안달이 난다. 멋진 일이 일어날 것 같은 예감에 들뜬다. 그리고 실제로 그런 일들이 일어난다. 내게는 사람들에게 부유한 마음을 알리고, 그들이 그 지식을 가지고 백만장자가 되는 것을 보는 것보다 짜릿한 일은 없다.

성공한 사람들은 특별한 사람이 아니다. 그들이 공통적으로 지닌 한 가지가 있다면 그것은 열정이다. 그들은 일관성과 지속성을 유지하기 위한 내면의 힘을 개발했다. 그 힘이 보통 사람이라면 포기했을 지점을 넘어서게 해준다. 이것이 부유한 마음의 힘이다. 부유한 마음은 그저 그런 세상 너머를 보는 방법을 알려준다.

운명을 재설계하라

✤

'평균적'이란 무슨 의미일까? 무작위로 100명을 한 방에 모아놓고 남들과 비교해 자신을 어떻게 생각하는지 물어보면, 아마 그중 97명쯤이 자기는 평균이라고 말할 것이다. '평균'이라는 말에는 실제 정의를 벗어나는 다른 의미가 있는 듯하다. 원래 평균은 중간 점을 나타낸다. 즉 평균은 하나의 숫자다. 따라서 평균의 정의에 입각하면, 100명 중 평균은 없거나 있어도 한 명 정도다.

그럼, 97명이 거짓말을 한다는 뜻일까? 딱히 그렇지는 않다. 평균이라는 말에는 '평범함' 또는 '무난함'이라는 의미가 따라

Bob Proctor

다닌다. 따라서 평균이라는 말은, 비록 평균의 진짜 정의와는 거리가 멀지만, 대다수에 포함된다는 일종의 소속감을 준다. 문제는 이 개념이 마음에 고착된다는 것이다. 이 개념은 큰일을 해내는 사람들을 까마득히 뛰어난 사람들, 자신과는 다른 부류의 사람들이라고 인식하게 만든다. 그들이 특별하거나 천운을 타고났거나 자신은 모르는 무언가를 아는 사람들이라고 믿게 만든다. 하지만 당신이 평균적인 삶이라고 부르는 것과 부유한 삶의 차이는 매우 작다. 그 차이에 대한 인식이 엄청날 뿐이다!

이것이 '평균의 태도'다. 이 태도 때문에 많은 사람이 자신도 부자들 못지않게 유능하다는 사실을 믿지 못한다. 모처럼 새로운 것을 시도하다가도 쉽사리 포기한다. 부를 향한 길은 자신에겐 너무 어렵다고 생각한다. 부를 자신같이 가난하고 평균적인 소시민의 팔자에는 애초에 없는 일로 간주한다.

이는 조각배에 실려 무인도에 좌초한 신세에 처한 것과 같다. 당신은 거기서 이전에 표류했던 이들이 남긴 쪽지를 발견한다. 쪽지는 동쪽에 육지가 있다고 말해준다. 하지만 육지가 가시권에 있지는 않다. 당신에게 있는 것은 미지의 전임자들이 남긴, 계속 항해하라는 권고뿐이다. 어떻게 해야 할까? 바닷가에 앉아서 안전해 보이는 곳으로 데려가줄 큰 배만 하염없이

기다릴 것인가? 그런 일이 언제 일어날지 모르는 채로? 아니면 당신에게 있는 작은 배에 올라 노를 저을 것인가? 당신을 구해 줄 큰 배는 영영 나타나지 않을지도 모른다.

당신보다 앞서 여행한 사람들의 눈에는 길이 뻔히 보인다. 그들은 당신이 망설이는 이유를 이해하지 못한다. 하지만 당신의 마음속에는 '만약 나쁜 일이 생기면 어쩌지?'라는 생각이 가득하다. 만약 배가 파도에 뒤집히면 어쩌지? 만약 길을 잃으면? 만약 상어를 만나면? 결국 당신은 육지에 무사히 도착한 사람들은 천운을 타고난 사람들이거나, 당신보다 머리도 좋고 재주도 많은 능력자라고 판단한다. "아마 그들에겐 내게 없는 무언가가 있었을 거야. 지도나 나침반 같은 거라도!"라고 말하면서.

'나는 평균적인 사람에 불과해. 이런 내가 어떻게 그런 위업을 이룰 수 있겠어?'라고 생각하는 동안 당신의 마음속에는 두려움이 자란다. 그에 따라 바다가 점점 넓어진다. 바다의 실제 크기는 중요하지 않다. 바다의 면적이 마음속에서 점점 넓어져서 급기야 망망대해가 되고 지구를 뒤덮은 대양이 된다. 그래서 당신은 기다린다. 큰 배가 나타나서 혼자서는 도저히 닿을 수 없다고 확신하는 그곳으로 데려다주기를 바라면서 마냥 시간을 보낸다. 그러는 동안 평생이 흘러가 버린다.

Bob Proctor

많은 사람이 평생 자신이 평균이라는 거짓말을 믿고, 그 믿음을 실현하며 살아간다. 자신이 부유한 삶을 영위할 만큼 특별하지 않다고 스스로 세뇌한다. 하지만 당신의 학습 역량과 성취 능력은 남들과 전혀 다르지 않다. 어쩌면 더 뛰어나다. 다만 자신이 '평균'이라는 관념을 버려야 한다. 해변에서 일어나서 "승리를 위해 기꺼이 나서겠어"라고 말해야 한다. 그것이 당신의 진심이어야 한다. **부귀영화로 가는 여정을 시작하기로 선택했다면, 자신이 그 길을 감당할 수 있을지 두고 볼 결심이 아니라 일단 출발선에 서고 결승선에 다다를 결심을 해야 한다.** 거기에 집중하자. 여정의 끝에 있는, 당신이 열망하는 결과를 시각화하자. 그래야만 평균의 태도에서 벗어나 마땅히 당신이 누릴 것을 당당히 주장할 수 있다. 부유해지기 위해서는 지금 당장 조각배에 올라 노를 젓기 시작해야 한다.

사고방식이
삶을 이끈다는 증거

✢

사고방식을 제대로 바꾸기 위해서는 현재의 생각과 믿음이 어떻게 생겨났는지부터 이해해야 한다. 우리의 마인드는 믿지 못할 만큼 강력한 도구다. 하지만 무엇이 자신의 생각 패턴, 감정, 행동을 일으키는지에 대해 진지하게 생각하는 사람은 거의 없다. 사람들은 자신의 처지에 혼란을 느끼고 좌절하면서도 그것을 바꿀 수 없다는 무력감에 시달린다.

한 사람의 태도는 그의 생각, 감정, 행동이 합쳐진 것이다. 그중 하나나 둘이 아니라 셋 모두가 함께 작용한 결과다. 우리의 생각과 감정과 행동은 우리의 조건화된 행동, 즉 조건 부여에 의해 획득된 행동이 만든 산물이다. 그 조건에는 성장 환경, 교육 등 우리의 삶에 영향을 미친 사람과 사건들이 모두 포함된다. 우리는 각자의 경험이 만들어낸 산물이다. 따라서 각자의 사고방식은 전적으로 유일무이하다.

사고방식이 어떻게 행동에 뿌리내리는지 이해하려면 우리의 학습 과정을 이해할 필요가 있다. 우리가 아는 모든 것은 네 가지 단계를 밟아 학습된 것이다. 자전거 타기를 예로 들어보자. 맨 처음 우리는 자전거라는 것이 세상에 존재하는지 알지도 못하고, 자신이 자전거를 타게 될지 관심도 없는 상태로 생을 시작한다. 이 단계를 '무의식적 무능력'이라고 한다. 모른다는 사실을 모르는 단계다. 이때는 걷는 것보다 빠른 이동 수단이 있다는 사실을 까맣게 모른 채 하루하루를 그저 즐겁게 보낸다.

그러다 유년기의 어느 순간 다른 아이들이 자전거를 타는 것을 보고 자신도 자전거를 타고 싶다는 욕망이 피어나기 시작한다. 이것이 학습의 두 번째 단계인 '의식적 무능력' 단계다. 이제 우리는 세상에 자전거라는 게 있고, 자신이 자전거를 탈 줄 모른다는 사실을 알게 되었다. 우리는 자전거 타기를 배우려 노력한다. 알다시피 처음 자전거에 오르면 중심을 잡는 데 엄청난 집중력과 노력이 요구된다. 우리는 열과 성을 다해 균형을 잡으려 애쓰고, 마침내 넘어지지 않고 페달을 밟을 수 있게 된다. 이렇게 학습의 세 번째 단계인 '의식적 능력'을 얻는다. 자전거를 탈 수 있게 되었지만 아직은 의식적인 집중과 노력이 필요한 단계다.

이 단계에서 반복을 통해 자전거 타기에 능숙해지면, 더는 균형을 잡으려 의식적으로 노력하지 않아도 쉽게 자전거를 타는 수준이 된다. 이것을 '무의식적 능력'이라고 한다. 특정 기술에 지극히 익숙해져서 더는 의식하지 않고도 능란하게 수행하는 단계다.

이렇게 기술이 습득되면 마음이 그것을 잠재의식으로 옮기고, 기술은 우리의 일부가 된다. 점차 더는 그것에 대해 생각할 필요가 없어진다. 마음을 쓰지 않아도 척척 하게 된다. 운전을 배울 때도, 타자 치는 방법을 배울 때도, 부를 창출할 때도 과정은 동일하다.

인간은 모든 것을 이미지로 생각한다. 만약 내가 당신에게 집이나 자동차나 가족을 떠올려보라고 하면, 당신은 대번에 마음속에 그것을 그릴 것이다. 그것이 인생의 스냅사진처럼 선명한 이미지로 떠오른다. 그런데 만약 내가 당신에게 마인드를 떠올려보라고 한다면? 떠올릴 그림이 없다. 간혹 뇌를 떠올리는 사람이 있다. 하지만 뇌 역시 마인드라고 할 수 없다. 당신의 마인드는 온몸의 모든 세포에 존재하지만, 구체적이고 물리적인 위치도 모습도 없다.

따라서 마땅히 떠올릴 이미지나 모습이 없기 때문에, 마인드의 작동 원리를 이해하기란 쉽지 않다. 마인드가 어떻게 작용하는지를 설명할 때 많이 쓰이는 것이 스틱 퍼슨Stick person 이미지다. 나는 이를 전 세계 코칭 프로그램에서 40년 넘게 사용해왔다. 이 기회를 빌려 1934년에 '스틱 퍼슨'을 처음 고안한 텍사스 샌안토니오의 서먼 플리트 박사에게 감사를 표한다.

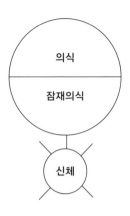

위의 도식을 보자. 가장 큰 원은 보이지 않는 마인드를 나타내고, 아래의 작은 원은 신체 또는 행동을 나타낸다. 윗부분의 큰 원, 즉 마인드는 의식과 잠재의식으로 나뉜다. 의식은 우리가 외부 세계에서 온갖 정보와 경험을 받아들이는 영역이다. 새로운 아이디어와 사건이 의식으로 들어오면 우리의 의식이 그것을 수용할지 거부할지 선택한다. 다시 말해 의식은 주변 환경에서 당신에게 오는 여러 아이디어와 사건을 거르는 필터다. 이 필터는 당신이 몰입하고자 하는 아이디어와 사건을 선택하게 해준다. 또한 의식은 꿈과 목표를 만드는 곳이기도 하다.

오늘날, 각종 매체를 통해 수없이 쏟아지는 이미지가 매일 우리 모두를 홍수처럼 에워싼다. 하지만 그중에서 우리의 의식이 효과적으로 처리할 수 있는 것은 1000개 미만이다. 정보화 시대는 우리의 삶을 더 효율적으로 만들었지만, 동시에 더 복잡하게 바꾸었다. 날마다 그리고 매 순간 우리는 자신의 마인드가 어디에 노출되고 무엇을 처리하게 할지 끊임없이 선택한다. 하지만 대부분 그것이 능동적 선택이라는 것을 인지하지 못한다.

부정적인 메시지의 홍수에 끝없이 직면하다 보면 당신은 이를 감당치 못하고 자기도 모르게 부정적인 생각과 아이디어를 선택하게 된다. 그리고 그것이 당신의 잠재의식에 저장된다. 그 결과는 무엇일까? 당신은 부정적인 생각과 의견을 가진 부정적인 사람이 되고 만다. 보다 긍정적으로 생각하고, 느끼고, 행동하고 싶다면 의식적으로 잠재의식을 단속해야 한다. 의식은 경비대고 문지기다. 의식은 당신이 어떤 아이디어에 감정적으로 몰입할지, 어떤 이미지에 반복적으로 노출될지 능동적으로 선택하게 해준다.

잠재의식은 '감정적' 마음, 다시 말해 '느끼는' 마음이다. 고대 그리스인들은 이를 '마음들의 마음'이라고 불렀다. 잠재의식은 의식이 내리는 모든 명령에 오직 하나의 대답만 할 수 있다. 그 대답은 "예!"다. 잠재의식은 의식으로부터 들어온 아이디어를 모두 받아들이고, 이를 당신의 믿음에 통합시킨다.

잠재의식은 생각을 거부할 능력이 없다. 들어오는 생각을 모니터링해 부정적 생각이 접근할 때 문을 닫는 것은 의식이 하는 일이다. 어떤 일이 일어날까 봐 걱정하면, 잠재의식이 당신을 그 부정적인 일을 만나는 방향으로 몰아간다. 마찬가지로, 앞으로 일이 어떻게 풀릴지 삶의 역경을 어떻게 처리할지에 대해 긍정적인 생각을 하면, 잠재의식은 그것을 내면화해서 긍정적인 결과를 내는 방향으로 움직인다.

원치 않는 것에 대해 걱정하며 속을 끓이는 일은 많은 에너지와 시간을 소비한다. 원하는 것에 집중할 때 드는 에너지와 시간보다 많으면 많았지 덜하지 않다. 에너지를 축내는 것도 모자라 원치 않는 사건을 실제로 불러온다. 사람은 자신과 조화를 이루는 에너지를 끌어당기게 되어 있다. 당신의 에너지가 부정적이면 당신에게 돌아올 것도 부정적인 에너지다.

이는 기본적인 마인드의 작동 원리다. 이것을 알면 부정적인 정서나 감정이 어떻게 우리 마음에 주입되는지 알 수 있다. 우리 사회에는 학력이 낮으면 좋은 직업을 얻을 수 없다는 믿음이 팽배해 있다. 우리 중 다수가 그렇게 믿고 자랐다. 이는 전혀 사실이 아니다. 그런데도 반복적 주입이 당신의 잠재의식에 그 믿음을 심었고, 그 결과 당신은 자기 학력 수준에 맞는 일자리와 기회만 추구하게 되었다. 자신은 그 이상을 시도할 자격이 없다고 '느끼기' 때문이다.

누구나 실패를 경험한다. 당신도 인생의 어느 시점에서 실패를 맛보았을 것이다. 실패할 때 느꼈던 감정을 끝없이 마음에 재생하며 당신은 다시 실패에 관한 두려움을 쌓는다. 잠재의식은 실제로 일어나고 있는 일과 당신이 떠올리고 있는 것을 구분하지 못한다. 과거의 부정적 사건에 계속 연연하는 것은 헤어나기 어려운 부정적인 태도를 낳는다.

좋은 소식이 있다. 어떻게 아이디어가 마인드에 주입되는지를 이해하면 나에게 미치는 악영향을 바로잡을 수 있다. 부정적인 것을 긍정적인 것으로 대체할 수 있다. 매일 당신의 긍정적 성취에 집중하자. 얼마 안 가 부정적인 에너지를 없애고 긍정적인 사건을 삶에 더 많이 끌어들이게 된다. 바로 여기에 시각화가 필요하다. 기억하자. 당신의 잠재의식은 당신이 부유한 삶을 단지 시각화하고 있는지, 실제로 부유한 삶을 살고 있는지 구분하지 못한다. 당신의 잠재의식은 비전을 사실로 받아들인다. 당신이 만든 부의 개념을 반복하면 당신의 신념체계의 일부가 되고, 긍정적인 영향을 미치게 된다. 기억하는가? 믿는 대로 보인다. 비전이 현실이 된다는 것은 이런 것이다. 말처럼 쉬운 일은 아니다. 하지만 긍정적인 생각에 집중하고 그 생각을 반복하는 데 집중하자. 그러다 보면 결국 긍정적인 생각이 당신이 평생에 걸쳐 잠재의식에 쌓아온 부정적인 생각을 모두 대체하게 된다.

하지만 이게 끝이 아니다. 마인드의 힘은 엄청나게 강력하다. 그 힘을 결코 과소평가해서는 안 된다. 마음은 일단 현실로 인식한 것은 죽어라 붙들고 늘어진다. 그야말로 전심전력이다. 따라서 뿌리 깊은 신념을 극복하는 노력은 때로 사람의 진을 뺀다. 이를 알고 임하는 것이 좋다. 싸울 각오를 해야 한다. 체력과 결단이 필요한 일이다.

이 점을 이해했다면 이제 당신이 못 할 일은 없다. 당신의 의식은 잠재의식이 실제가 아니라는 것을 알지만, 잠재의식이 무언가를 믿는 힘은 워낙 막강하다. 사고로 팔이나 다리를 잃은 군인이나 부상자를 생각해보자. 환자는 상실 부위가 더는 존재하지 않는다는 것을 실제로 눈으로 보고 몸으로 알지만, 그의 마음은 아직 이를 받아들이지 않는다. 이 경우 환자는 없어진 부위가 있다고 느끼고, 존재하지 않는 곳의 감각을 호소한다.

때로 이미 절단 수술로 없어진 신체 부위에서 통증이나 가려움을 경험한다. 이런 환상통은 상당히 오래 지속된다.

팔다리처럼 물리적으로 명확한 것에 대해서도 잠재의식을 납득시키기가 어렵다면, 어린 시절부터 마음에 굳은살처럼 박힌 신념과 생각을 제거하는 일은 얼마나 어려울지 상상해보라. 부정적인 성향은 없애겠다고 해서 바로 사라지지 않는다. 그것은 현재 진행 중인 투쟁이고, 승리하려면 헌신이 필요하다.

기존의 믿음에서
벗어나는 법

❖

우리 대부분은 자신의 현실을 지배하는 조건화에 대해 알지 못하거나 신경 쓰지 않고 산다. 조건화는 한 마디로 무의식적 학습 메커니즘이다. 경험을 통해 행동을 학습하고, 학습된 대로 같은 행동을 반복하는 것을 말한다. 이제 이 조건화를 'X인자'라고 부르기로 하자. 여기서 반드시 알아야 할 것이 있다. 그것은 당신의 조건화가 당신의 논리를 좌우한다는 것이다.

라이트 형제는 오하이오주 데이턴 출신의 자전거 정비공이었다. 어느 날 이들은 '비논리적'인 생각을 하기 시작했다. 알다시피 19세기 말에는 인간은 날 수 없다는 것이 수 세기 동안 굳어진, 너무나도 당연한 논리였다. 하지만 라이트 형제는 틀에서 벗어난 생각을 했고, 인류의 역사를 다시 썼다. 당신도 승리할 작정이라면 논리를 벗어나야 한다. 그런데 여기서 주목해야 할 점은 이런 조건화와 논리는 당신이 그것을 거스르는 시도를 하기 전까지는 딱히 중요하게 작용하지 않는다는 것이다.

X인자는 마음에 뿌리내린 믿음, 또는 몸에 깊이 밴 습관이다. 당신이 원하는 몸무게부터 당신이 옳다고 믿는 양육 방식까지 무엇이든 X인자가 될 수 있다. '나는 1년에 10만 달러 이상 벌 수 없다'는 신념을 X인자로 가정해보자. 만약 당신이 부유한 마음을 가진 사람들의 조언을 받아들여 1년에 100만 달러를 벌겠다는 의지를 품게 됐다면? 이 100만 달러라는 새로운 신념은 'Y인자'가 된다. 자, 전쟁이 시작되었다!

당신은 처음에는 의식적으로 새로운 신념을 즐긴다. 당신은 부유한 삶을 그려본다. 처음에는 X인자가 이에 부드럽게 대응한다. 논리를 내세우면서 새 신념은 옳지 않다고, 당신과 맞지 않다고 당신을 설득하려 들 것이다. 이때 X인자와 당신의 내적 대화는 대략 다음과 같은 양상을 띤다.

"지금 내가 사는 방식에는 아무 문제가 없어. 나는 나름 행복해. 내가 그런 위험을 감수할 이유가 뭐지?" 꽤 분별 있는 생각임은 틀림없다. 이 생각이 당신을 100만 달러로 이끌지는 않겠지만, 어쨌든 맞는 생각이긴 하다. 아마 당신은 처음에는 이 내면의 주장을 무시하려 할 것이다. 그러나 당신이 무시하면 X인자는 더 사적이고 집요하게 공격 수위를 높인다. "지금의 일자리를 얻으려고 얼마나 고생했는지 생각해봐. 근데 새로운 일을 벌인다고? 지금 하는 일을 포기하면 이만한 일자리를 다시 얻을 수 있을 것 같아? 가족을 생각하면 지금처럼 안정적인 직장이 필요하잖아."

X인자는 그게 무엇이든 자기가 믿는 바를 가차 없이 밀어붙인다. 당신이 1년에 100만 달러를 벌 것이라는 믿음을 고수해도, X인자는 끝없이 당신의 마음속에서 조잘댄다. 온갖 '만약?'과 '어쩌지?'를 반복하고 또 반복한다. X인자는 당신이 무엇을 믿든, 그것이 실현될 수 없는 이유가 너무나 많다는 걸 당신에게 납득시키려 한다.

당신이 믿음이 이루어진 결과를 시각화할 때마다 X인자는 그것이 이루어지지 않을 합리적이고 이성적인 이유를 들이댄다. 이는 일반적인 과정이다. 이 싸움을 각오해야 한다. X인자는 당신의 잠재의식 속에서 오래 자리를 지켜왔다. X인자는 그 곳이 자기 집처럼 편하다. 이제 와서 제자리를 버릴 이유가 없 다. X인자는 당신도 똑같이 하기를 원한다. X인자는 당신이 항 상 걷던 경로에서 벗어나지 않게 지키는 데 평생을 바쳤다. 그 경로를 생각해보라. 익숙하고 편한 길이다. 당신이 내내 있던 자 리에 머무는지 여부에 사실상 X인자의 존재 자체가 달려 있다.

여기서 X인자를 물리칠 핵심 역할을 하는 것은 바로 뚝심이 다. 새로운 신념을 꾸준히 그리고 열심히 강화해나가지 않으 면, X인자와의 싸움에서 승산이 없다. 더구나 불행히도 X인자 에게는 비밀 무기가 있는데, 그것은 두려움이다.

일단 두려움이 나타나면, 논리는 힘을 잃는다. 명심하기 바 란다. 두려움이 무대에 오르면 더는 논리 따위는 통하지 않는 다. 그 두려움이 얼마나 비이성적이고 근거 없는 것인지는 중 요하지 않다. 두려움은 당신의 마음에 의심과 불확실성의 강을 범람시켜 새로운 신념을 떠내려가게 한다. 당신이 창업을 결심 하고 이제 막 마케팅을 시작했는데 기대만큼 잘 풀리지 않았다 고 가정해보자. 의식 차원에서 당신은 첫술에 배부를 순 없으 며 모든 성공에는 시간이 걸린다는 것을 안다. 하지만 잠재의 식 차원에서는 불안감이 당신의 심경을 쑥대밭으로 만든다. 당신은 다음과 같은 생각에 시달리게 된다. '만약 계속해서 고객들에게 아무 반응이 없으면 어쩌지?' '만약 처음부터 잘못 생각한 거라면?' '이러다 쪽박 차는 거 아닐까?'

아무리 부유한 마음을 개발하고 싶어도, 돈에 대한 기존의 믿음이 계속해서 당신의 다짐을 허물고 꺾으려 들 것이다. 이두려움에 굴복해서 허구한 날 애면글면한다면, 당신이 허구한 날 상상하는 최악의 시나리오가 그대로 실현될 뿐이다.

이쯤에서 샐리의 사연을 나누고 싶다. 샐리는 전업 작가가되기 위해 다니던 회사를 그만두었다. 그는 이미 작가의 길에나선 상태였다. 대기업 마케팅 일을 그만두기 전부터 조금씩글을 써서 수입을 내고 있었다. 샐리는 자신이 치른 X인자와의싸움에 대해 다음과 같이 말했다.

∽ 몇 년 전부터 회사를 그만두는 날을 고대해왔습니다. 저는늘 전업 작가를 꿈꿨지요. 지난 4년 동안 프리랜서 작가로일했고, 작가로서의 커리어가 어느 정도 궤도에 오른 상태였습니다. 마침내 회사를 그만둔 주에는 그저 신이 났습니다. 저는 새로운 인생을 시작할 꿈에 부풀었습니다.

그 기분이 일주일 정도 이어졌습니다. 그런데 집에서 일한 지 2주 차에 접어들면서 형언할 수 없는 공포감이 밀려들었습니다. 저는 이미 제가 이 일을 할 수 있다는 것을 스스로 증명했고, 일감도 몇 달 치가 줄지어 있었습니다. 그런데도 부정적인 생각이 저를 떠나지 않았습니다. '더는 일이 들어오지 않으면 어떡하지?' '마감을 못 맞추면 어떡하지?' '만약 집에 불이 나서 파일이 다 날아가 버린다면?' 대부분은 이성적이지도 논리적이지도 않은 생각이었지만, 저는 이런 걱정들로 잠을 이루지 못했습니다.

두려움에 사로잡혀 두 주쯤 보낸 후, 저는 그동안 제가 일을 거의 못 했다는 것을 깨달았습니다. 글을 써서는 밥벌이를 할 수 없다는 생각에 시달렸는데, 이제 그 부정적인 마음가짐과 끝없는 걱정이 그것을 현실로 만들고 있었던 겁니다! 저는 서둘러 생각의 초점을 바꿨습니다. 전부터 꿈꿨던 커리어를 이룬다는 긍정적인 비전에 집중했고, 마음에 두려움을 담아두고 곱씹기를 거부했습니다.

얼마 지나지 않아 두려움이 가라앉았습니다. 그 후에 두려움이 다시 고개를 들지 않은 것은 아닙니다. 하지만 이제는 그때마다 즉시 긍정에 집중합니다. 두려움이 저를 목표를 향한 경로에서 밀어내는 것을 허용하지 않습니다.

샐리가 깨달았다시피, 잠재의식은 당신이 품는 어떤 생각에
든 방을 내준다. 그 생각이 부정적이면 잠재의식은 그것을 더
욱 부정적으로 강화한다. 두려움 때문에 노력을 줄이거나 멈출
때, 당신은 그 중단 결정이 타당하다는 핑계를 잔뜩 만들어낸
다. "너무 어려워." "내겐 역부족이야." "이건 내 능력으로는 안
돼." 그런데 그 핑계 중에 정작 진짜 이유인 '두려움'은 없다.

이런 정신적 저항을 촉발하는 것은 오로지 두려움이다. 두려
움은 당신이 차후 마음에 들이붓게 될 온갖 근심·걱정이 여과
없이 입성할 대로를 뚫어준다. 대개 일단 이렇게 봇물이 터지
면 거기에 대항하기란 거의 불가능하다.

새로운 아이디어를 도입하고 시행할 때, 그 아이디어가 타당
하고 유효하다는 믿음에서 추진력이 나오는 법이다. 두려움이
마음을 장악하면 추진력은 곧바로 틀어진다. 두려움은 당신의
문제를 내면화한다. 당신이 해법에 이르는 단계를 차근히 논리
적으로 풀어내야 할 때, 두려움은 당신이 다음 단계에 이르지
못하게 막는다. 두려움은 컴퓨터의 전원을 끄듯 당신을 마비시
킨다. 포기할 핑계와 발뺌할 구실만 잔뜩 만들어내게 한다.

새로운 사업에 뛰어들 때를 예로 들어보자. 두려움은 시장의 실제 동향을 파악할 능력을 빼앗는다. 당신이 기회를 읽어내지 못하게 막는다. 두려움은 당신이 현재 상황을 인지하는 방식을 바꿔놓는다. 두려움이 마음을 지배하면 자신이 사업에 소질이 없다는 자괴감에 빠지기 쉽고, 자신의 제품이 시장에 적합하지 않다는 성급한 패배주의에 물들기 쉽다. 두려움은 현실을 바로 보지 못하게 한다. 사실 당신은 단지 잘못된 각도에서 접근하고 있을 뿐이며, 마케팅 방식만 효과적으로 수정하면 끝나는 문제일 수도 있다.

두려움을 밀쳐낼 줄 알아야 한다. 그래야 두려움의 실체를 볼 수 있다. 두려움을 제압해야 애태우며 에너지를 낭비하지 않고 해법을 찾을 수 있다. X인자와 Y인자를 어떻게 다루는지에 따라 기회의 문이 열리기도 하고 닫히기도 한다. 새로운 신념을 부단히 강화하고, 그 신념을 뒷받침하는 새로운 행동을 부단히 실천하는 것만이 기회의 문을 항시 열어두는 방법이다. 그래야 오래된 사고방식을 이길 도구를 얻을 수 있다.

기억하기 바란다. 당신에게는 X인자가 당신의 발목을 잡기 위해 놓은 두려움이란 덫을 타파할 능력이 있다. 부정적인 가상의 시나리오에 연연하지 않을 선택권은 다름 아닌 당신 자신에게 있다. 두려움에 순응할 필요가 없다.

두려움을 거부하는 방법은 Y인자와 그것이 당신의 삶에 가져올 좋은 것에 감정적으로 몰입하는 것이다. 당신이 새로 도입한 신념은 당신의 의식적 도움을 받아 단단하게 자라야 한다. 당신의 마음에 깊이 자리 잡은 오래된 신념을 압도할 만큼 충분히 강해져야 한다. 오래 묵은 생각들이 마법처럼 홀연히 사라지지는 않는다. 이는 싸움이고 투쟁이다. 일단 새로운 신념을 받아들였고 그것을 진심으로 믿게 됐다면, 이제부터 할 일은 경계를 늦추지 않는 것이다. 새로운 신념을 강하게 키우고, 부정적인 생각의 접근을 막아야 한다. 부정적인 생각은 호시탐탐 당신 안으로 돌아오려 전력을 다할 것이다. 방심은 금물이다. 문을 닫아걸고 들이지 말자.

많은 사람이 자신의 욕구와 욕망을 소원이라고 부른다. 소원에는 실현이 쉽지 않다는 뜻이 내재되어 있다. 사람들은 삶이 바뀌기를 바라면서도 이를 실현하는 데 매진하지는 않는다. 사람들은 아무런 노력도 들이지 않고 바라는 일이 뚝딱 이루어지기를 꿈꾼다. 요술 지팡이를 휘둘러서 대번에 실현되는 판타지를 원한다. 당연히 그런 일은 일어나지 않는다. 그들은 빠르게 기존 습관으로 후퇴할 뿐, 자신이 소원이라고 부르는 것을 향해 한 걸음도 나아가지 않는다.

결국 그들은 자신의 소원이 한낱 몽상에 불과하며, 어차피 일어날 수 없었던 일이라고 믿어버린다. 슬픈 점은 그 바람은 충분히 이루어질 수 있는 일이었다는 것이다! 그들에게는 열망하는 모든 것을 가질 능력이 있었다. 하지만 그들은 자신의 새로운 신념에 힘을 실어주지 않았다. 그래서 기존의 부정적인 생각이 굳건하게 자리를 지키고 심지어 움찔하지도 않았다. 부정적인 생각이 그들에게 굳이 제동을 걸 필요도 없었다. 장담컨대 X인자를 그렇게 놔두면 당신이 얻을 것은 지금까지와 같은 결과밖에 없다. "나는 백만장자가 될 수도 있었어"라고 말하며 평생을 보내고 싶은가? 그렇게 되고 싶은 사람은 아무도 없다.

당신이 지금까지 지니고 살아온 생각, 습관, 태도가 지금 당신 눈앞의 삶을 만들어냈다. 전에 없던 새로운 신념을 시행하는 데는 분투에 가까운 노력이 필요하다. 하지만 당신이 초점을 유지하는 한 새로운 신념이 당신이 꿈꾸는 삶을 만들어낼 것이다. 초점을 오래 유지하면 새로운 신념이 당신의 마인드에 오래 머문다. 그렇게 되어야 한다. 그래야 새로운 신념이 단단해지면서 그 결과가 당신의 삶에 발현하게 된다.

시간이 흐르면서 이를 통해 새로운 패러다임 또는 확신이 세워진다. 만약 연간 수입을 10만 달러에서 100만 달러로 높일 수 있다면, 1000만 달러라고 불가능할 것 없다. 1억 달러는? 안 될 것 없다.

내가 사람들에게 자주 하는 말이 있다. "현재의 연간 수입을 월수입으로 바꾸겠다는 아이디어로 시작하세요." 이 아이디어는 가시화할 수 있는 구체적인 수치를 제공한다. 구체성이 중요하다. 그저 '더 많은 돈'을 원한다는 막연한 생각은 감정적으로 몰입할 만한 개념이 되지 못한다. 심지어 단 5달러도 '더 많은 돈'이 될 수 있지 않은가. 구체적인 금액을 염두에 두면, 예컨대 100만 달러라는 목표를 세우면, 그 금액을 현실로 만들 방법을 강구하는 것이 가능해진다.

나는 작은 계산기를 항상 지니고 다닌다. 당신도 그렇게 할 것을 권한다. 공항에서 대기 중이거나 비행기에 앉아 있을 때 나는 이 작은 계산기를 꺼내 앞으로 100만 달러를 어떻게 벌지 계산에 들어간다. 이때 가장 먼저 하는 일은 내가 벌고 싶은 총액, 즉 100만 달러를 계산기에 입력하는 것이다.

자동차왕 헨리 포드는 큰일을 쉽게 만들고 싶다면 그것을 작게 쪼개라고 말했다. 나는 그 말을 문자 그대로 받아들인다. 나는 100만 달러를 12개월로 나눈다. 이 일을 해내는 데 1년을 주겠다는 뜻이다. 100만 달러를 12로 나누면 8만 3333달러다. 내가 매달 벌어야 하는 금액이다. 아직도 꽤 큰 금액이다. 그래서 더 쪼개기로 한다. 8만 3333달러를 4.3으로 나누기로 한다. 한 달은 평균 4.3주니까. 4.3으로 나누면 1만 9380달러다. 내가 매주 벌어야 하는 금액이다. 이 금액도 여전히 만만찮다. 나는 한 주를 월요일부터 수요일, 목요일부터 일요일의 두 부분으로 나눈다. 1만 9380달러를 2로 나누면 9690달러가 된다. 많이 낮아졌다. 그런데도 이런 생각이 문득 떠오른다. '세상에, 내가 월요일부터 수요일 사이에 9690달러를 벌어야 하고, 목요일부터 일요일 사이에 다시 같은 액수의 돈을 벌어야 한다고? 그리고 이걸 1년 내내, 매주 해야 한다고?'

여기에 포드의 방식을 다시 한번 적용해보자.

우선 9690달러를 86으로 나눈다. 왜 하필 86으로 나누는지 궁금할 것이다. 86은 내가 임의로 고른 숫자다. 가령 74라는 숫자를 고를 수도 있었지만 그러지 않았다. 나는 86을 골랐다. 의심 없이 계속 들어주기 바란다. 내게 다 생각이 있어서 그렇다.

9690달러를 86으로 나누면 112.67달러다. 이 금액을 기억해주기 바란다.

이제 질문을 던져보겠다. "제가 당신에게 아주 적은 노력으로 1112.67달러를 일주일에 두 번씩 버는 방법을 알려 드리겠습니다. 당신은 그중 제게 112.67달러만 떼어주시고, 1000달러를 챙기시면 됩니다. 어때요? 그렇게 하시겠어요?" 당신은 십중팔구 이렇게 답할 것이다. "당연하죠." 나는 지금까지 수많은 세미나에서 같은 질문을 했다. 그리고 지금까지 이 제안을 거절하겠다는 사람을 본 적이 없다.

내 제안을 다시 생각해보자. 나는 당신에게 1112.67달러를 일주일에 두 번씩 버는 방법을 알려줄 것이다. 내가 그 아이디어를 냈으므로 내 지적 재산이다. 따라서 당신은 버는 돈의 일부인 112.67달러를 내게 일주일에 두 번씩 지불한다. 자, 이제 나는 100만 달러를 버는 방법을 궁리할 필요가 없다. 이제 나는 1112.67달러를 일주일에 두 번씩 벌 수 있는 아이디어만 생각해내서 당신에게 제공하면 된다. 내가 그런 아이디어를 생각해내면, 당신처럼 거기에 기꺼이 동참하겠다는 사람을 85명 정도 모으는 것은 별로 어렵지 않을 것이다.

보다시피 돈을 버는 것은 어렵지 않다. 생각하기 나름이다.

Bob Proctor

대부분이 지닌 문제는 바로 '생각하지 않는다'는 것이다. 그들은 그저 정신 활동이 곧 생각이라고 믿는다. 스스로를 그렇게 속이고 있다. 이것이 착각이라는 말을 처음 들었을 때 나도 적잖이 충격을 받았다. 당시 나는 얼 나이팅게일의 성공학 강연 〈가장 낯선 비밀The Strangest Secret〉의 녹음을 듣고 있었다. 거기서 나이팅게일은 알베르트 슈바이처 박사의 말을 다음과 같이 인용했다.

비행기에서 내리는 슈바이처 박사에게 한 기자가 물었다. "오늘날 사람들의 가장 큰 문제는 무엇일까요?" 박사는 잠시 생각에 잠겼다가 이렇게 말했다. "사람들이 생각을 하지 않는 게 가장 큰 문제입니다."

오래전 나이팅게일의 강연 녹음을 처음 들은 후, 나는 줄곧 사람들을 관찰해왔다. 당신도 사람들을 관찰해보면 내가 발견한 것을 발견하게 될 것이다. 그것은 대개의 사람이 생각이 있다면 절대 하지 않을 말을 하고, 생각이 있다면 절대 하지 않을 일을 한다는 것이었다. 슈바이처 박사의 말이 옳았다. 사람들은 대체로 생각을 하지 않는다. 사고력은 인간에게 주어진 지고의 역량이자 기능이다. **생각하기 시작하면, 당신의 삶 전체가 바뀌게 된다.**

이런 의심이 들 수 있다. 수동 소득 창출 개념은 일부만 활용할 수 있는 건 아닐까? 누구에게나, 어떤 직종에나 적용될 수 있을까? 흔한 직업 몇 가지를 예로 들어서 각각에 해당하는 수동 소득 창출 방법을 제안해보겠다.

운동 강사

당신만의 독특한 운동요법을 만들고, 거기에 대한 책을 쓴다. 이를 담은 영상물을 제작한다. 다양한 수준의 수강생을 위해 수준별로 제작한다. 다른 강사들이 당신의 운동법을 배워서 가르칠 수 있도록 세미나를 연다. 당신의 운동법을 기반으로 한 다이어트 워크북을 만든다.

교사

다양한 주제의 아동용 동영상 교재를 만들고, 그것을 보충하는 워크북과 함께 판매한다. 학부모를 대상으로 자녀의 학습 효과를 높이는 방법에 관한 책을 쓴다. 당신이 체육 교사라면 선수들이 훈련에 참고할 영상물과 책을 판매할 수 있다. 음악 교사의 경우 기타나 피아노를 가르치는 데 필요한 물품을 판매할 수 있다.

주택 시공자

주택 개조에 관심 있는 사람들을 위해 리모델링, 인테리어의 기본 지식을 담은 동영상을 만든다. 또는 꿈꾸는 집을 짓기 위해 꼭 알아야 할 것들, 즉 훌륭한 시공자를 찾고 그들과 효과적으로 일하는 방법 등에 관한 책을 쓴다.

고객서비스 담당자

고객서비스의 기본기를 담은 직원용 핸드북을 만들어 업장이나 기업에 판매한다. 또는 고객서비스 활용 노하우와 효과적 문제 해결 방법을 담은 소비자용 영상물을 제작한다.

위의 예시에서 보다시피 누구나 자신에게 이미 있는 기량을 이용해서 수동 소득을 창출할 수 있다. 어떤 기량도 유효하다. 누군가에게 가치 있는 기량이라면 무엇이든 환금 가치가 있다. "내게는 돈이 될 만한 것이 하나도 없어!"라고 섣불리 단정하지 말자.

당신에게는 꿈꾸는 삶을 창조할 기회뿐 아니라 남들의 삶에 긍정적인 영향을 미칠 능력도 있다. 자신의 지식을 남들과 나누고, 남들에게도 혜택을 주려는 욕망과 열정이 꿈을 현실로 바꾸는 여정에 시동을 건다. 나는 이런 열정을 20대에 경험했다. 일단 부에 이르는 길을 발견하자, 모두에게 내가 아는 것을 전하고 싶어졌다. 이 아이디어들을 공유하고 싶었다. 모두에게 들리도록 산꼭대기에서 외치고 싶었다. 이것이 지난 40년 동안 내가 해온 일이다.

당신 안의 힘을 깨달았다면, 이제 부를 향한 당신만의 여정을 시작할 수 있다. 우리 각자는 누구와도 다르며, 각자의 여정도 유일무이하다. 공통점은 길이 있다는 것이다. 부를 찾을 용기가 있다면, 부를 향한 길은 이미 당신 앞에 존재한다.

부의 마인드셋을 기르는 법칙

❷

- ✤ 내 열정이 어디에 있는지 찾으라. 그 열정은 꿈을 이루는 밑천이 된다.

- ✤ '평균의 태도'를 버린다.

- ✤ 내 태도는 내 생각과 감정과 행동의 조합임을 명심한다.

- ✤ 내 마음이 무엇에 노출되고 있는지 잘 살핀다.

- ✤ 내 마음에 밴 신념체계의 힘을 과소평가하지 않는다.

- ✤ 기존의 부정적 생각 패턴에 도로 빠지는 것을 막기 위해 부단하고 꿋꿋하게 새로운 생각을 만들어간다.

- ✤ 가치를 제공하고 수동 소득을 창출하는 나만의 기량이 있음을 인식한다.

- ✤ 기다리고만 있지 말라. 당장 내게 있는 배에 올라 노를 젓자.

- ✤ 다양한 소득원을 조사한다.

· 3장 ·

믿음의 크기가
부의 크기다

나는 항상 인간의 잠재력에 흥미를 느낀다. 겉으로 보아서는 그 사람이 무엇을 성취할 수 있을지 감히 가늠하기 어렵다. 어떤 이들은 상상 불가한 역경을 거쳐 실로 엄청난 업적을 달성한다. 끔찍한 비극을 겪고도 탁월한 능력과 자신감을 겸비한 인물로 거듭난다. 어려운 환경에서 태어났지만 끝내 승리의 상징으로 부상하기도 한다. 헬렌 켈러를 생각해보라. 켈러는 두 살이 되기도 전에 병으로 시력과 청력을 모두 잃었다. 하지만 훗날 저명한 인권운동가로 활약하며 장애인 권리 확대를 포함한 사회운동에 큰 족적을 남겼다. 잔 다르크는 권위에 도전하는 여성들이 화형을 당하던 시대에 남성들을 이끄는 지도자가 되었다. 빌 게이츠는 대학 중퇴자지만 컴퓨터 시대를 연 주역이 되어 세상을 바꿨다. 존 F. 케네디는 인간을 달에 착륙시키겠다는 비전 하나로 인류 역사에 한 획을 그었다. 마틴 루서 킹은 수 대에 걸쳐 억압받아온 흑인의 해방을 위해 비폭력 변화를 기조로 삼은 사회혁명을 이끌었다.

만약 내가 당신에게 이렇게 말한다면 어떨까? "당신에게는 이 위인들 못지않게 세상을 바꿀 잠재력이 있습니다." 당신은 이 말을 허황된 말로 치부할지 모른다. 그럼 만약 내가 당신과 함께 거리로 나가서 노숙자를 가리키며 이렇게 질문한다면? "저 사람보다는 당신에게 성공의 잠재력이 크다고 생각합니까?" 당신은 아마 그렇다고 할 것이다. 만약 내가 당신의 동료 중 한 명을 가리키며 같은 질문을 한다면? 당신은 자신의 잠재력이 동료보다 크거나 적어도 같다고 생각하지 않을까? 우리가 뉴욕에 있고 빌 게이츠의 리무진이 지나가는 것을 보았다고 상상하자. 내가 "당신에게 빌 게이츠와 똑같은 잠재력이 있다고 생각하나요?"라고 물으면 당신은 고개를 저을 것이다.

하지만 이는 조건화의 결과일 뿐이다. 우리는 현재의 상태에 근거해 그 사람이 무엇을 성취할 수 있고 없는지를 판단하는 경향이 있다. 우리는 현재 가난한 사람은 앞으로도 가난할 것

Bob Proctor

으로 생각한다. 그 사람의 현재 처지가 흔히 말하는 '평균'이라면 그 사람은 항상 평균에 머물러 있을 것으로 쉽게 판단한다. 그러다 큰 부자를 보면 그 사람을 군계일학의 잠재력을 보유한 사람으로 여긴다. 그 사람의 현재 상태가 너무나 대단하다고 생각하기 때문이다.

우리는 머릿속에서 이런 비교 게임을 하면서 자신의 위치는 어디쯤인지 가늠한다. 하지만 앞서 논했듯 당신의 현재는 당신의 미래와 하등 관계가 없다. 자신이 다른 누구보다 못났다는 인식은 터무니없다. 당신은 세상 누구와도 동등하고, 또한 세상 모두가 당신과 동등하다. 성공이나 부는 동나는 법이 없다. 모두에게 돌아가고도 남을 만큼 차고 넘친다. 이는 모두에게 같은 잠재력이 있다는 뜻이다. 차이는 우리의 마음속에만, 우리의 인식에만 존재한다.

아이들을 생각해보자. 아이는 학교에 다니기 시작하면서 남들이 자신을 두고 하는 말들을 받아들인다. 자신이 느리고 멍청하다는 말을 들으면, 설사 그것이 터무니없는 거짓말이어도 아이는 그 말을 믿는다. 영민하고 재능 있다는 칭찬을 들으면, 역시 그대로 믿는다. 그리고 기대에 부응하려고 노력하고, 더욱 높은 성과를 낸다.

자기 잠재력에 대한 견해는 당신이 어린 시절에 받아들인 각종 경험과 이야기가 한데 섞여 만들어낸 결과다. 그때 당신은 주위의 말을 곧이곧대로 믿을 수밖에 없었다. 당신의 의식은 아직 단련되어 있지 않아서 여과 능력이 없었다. 그래서 잠재의식이 모든 것을 사실로 받아들였다. 당신이 이 믿음을 바꾸려고 노력하지 않는 한, 잠재의식은 뭐든 계속 믿는다. 큰일을 이루기 위해서는 당신의 잠재력이 다른 모두와 동일하다는 것을 믿어야 하고, 그 잠재력을 개발하는 데 매진해야 한다.

나를 아는 것부터가
시작이다

✤

사상가 에머슨이 말했다. "누구나 배움의 과정에서 이것을 깨닫는 때가 온다. 질투는 무지고 모방은 자살이다." 나는 이 말이 부유한 삶을 원하는 모두에게 적용된다고 생각한다.

당신이 받아들여야 할 중요한 것 중 하나는 자신에게 누구 못지않은 잠재력이 있다는 사실이다. 그게 사실이라면 남을 부러워할 이유가 없다. 잠재력이 같다면 결과 역시 같을 수 있다.

이는 부의 원리를 연구하기 시작했을 때 내가 가장 먼저 배운 교훈이었다. 부유한 사람들이 누리는 결과를 원한다면, 생각만 하지 말고 행동에 나서야 한다. 그러면 당신도 같은 결과를 창조할 수 있다.

또한 에머슨은 "모방은 자살이다"라고 말한다. 사실이다. 엄청난 부를 성취한 사람들은 각기 조금씩 다른 방식으로 성공했다. 그들도 각자 자기만의 열정을 가지고 있었다. 당신도 마찬가지다. 그저 남들의 행동을 복제하는 방법으로 성공을 기대할 수 없다. **부에 이르는 길은 열정이고, 알다시피 열정은 각각의 사람마다 유일하고 특별하기 때문이다. 부를 창출하기 위해서는 당신만의 열정을 찾아야 한다.**

이 사실이 당신에게 안도감을 안겼기를 바란다. 생각해보라. 꼭 도널드 트럼프 같은 부동산 거물이어야 부를 성취할 수 있는 것은 아니다. 꼭 나 같은 국제적인 강연가일 필요도 없다. 나는 이것을 경험으로 안다. 나는 내가 하는 일을 똑같이 시도하려는 사람을 많이 보지만, 결코 위기감을 느끼지 않는다. 오히려 뿌듯한 마음으로 그들에게 내가 하는 일을 세세한 부분까지 알려준다.

대개 그들은 몇 달 시도해보다가 다시 와서 내가 알려주지 않은 부분이 무엇인지 묻는다. 내가 하는 일을 정확히 모방하고 있는데 왜 자신의 결과는 형편없는지 이해하지 못한다. 하지만 방금 언급했듯, 빠져 있는 것은 내가 빼먹은 부분이 아니라 그들 안의 무언가다. 그들이 아무리 나를 면밀히 모방해도 이 일에 대한 나의 열정까지 모방할 수는 없다. 따라서 자신의 열정을 찾는 것이 중요하다. 매일 아침 침대에서 뛰쳐나올 의욕을 주는 것, 그것을 찾아야 한다.

당신에게는 당신이 원하는 삶을 선택하고 창조할 잠재력이 있다. 당신이 이를 안다면 미래에 원하는 삶을 살겠다고 현재의 시간을 돈과 바꾸는 일은 하지 않을 것이다. 미래를 위해 현재를 파는 것은 정당화될 수 없다. 어떻게 당신의 시간이 고작 시간당 20달러, 혹은 40달러라고 말할 수 있는가? 당신의 시간은 감히 액수로 가치를 따질 수 없다! 인위적인 가격표를 붙임으로써 당신은 자신의 실패를 설계하는 셈이 된다. 자신에게 잠재력이 있다는 것을 이해하고 동의하는 사람은 수없이 많겠지만, 그중 몇 명이나 실제로 자기 인생을 주관하면서 의미 있는 삶을 만들고 있을까? 안타깝게도 그 수는 매우 적다.

우리 대부분은 마인드의 변화 가능성을 이해한다. 하지만 이해하는 것과 거기에 매진하는 것은 다르다. 당신의 내면에 있는, 평생에 걸쳐 주입된 신념을 극복하기 위해서는 각고의 노력이 필요하다. 이 고군분투 없이는 가능성은 그저 가능성으로만, 실현되지 않은 잠재로만 남는다. 당신은 영영 시작점을 벗어나지 못하거나 계속 시작점으로 돌아가게 된다. 흥분은 이내 무관심으로 바뀌고, 무관심은 당신을 전과 똑같은 삶으로 돌려보낸다.

이렇게 당신은 지겨운 일상을 재개한다. 지겨운 일상은 성공보다는 아무것도 안 하는 쉬는 시간을 갈망하게 만든다. 그래서 시간이 날 때마다 TV 앞에 앉는다. 아무것도 하지 않을 때면 몇 시간이고 계속해서 고통과 비관과 부정적인 발상을 떠올린다. 이는 당신을 매사 시큰둥하게 만든다. 냉소주의는 더 많이 가지기 위해 분발하려는 마음을 마비시키는, 일종의 피학적 독약과 같다. 냉소주의는 이대로도 나쁘지 않다는 생각을 심는다. 이는 평균의 태도와 한패고, 따라서 진정한 부와는 평생의 적이 될 수 밖에 없다.

잠재의식이
미래를 결정한다

✢

수년 전부터 끌어당김의 법칙이 인기를 끌고 있다. 왜 아니겠는가? 내가 원하는 것을 무엇이든 내 인생에 끌어들일 수 있다니, 참으로 매력적인 발상이 아닐 수 없다.

하지만 끌어당김의 법칙은 당신의 삶에서 이미 작동하고 있다. 아니, 언제나 작동해왔다. 그동안 알아차리지 못했을 뿐이다. 이 법칙의 기본 개념은 이렇다. 우리 삶의 모든 것은 우리의 생각이 끌어온 것이다. 끌어당김의 법칙은 늘 작동한다. 좋은 일이든 나쁜 일이든 그저 그런 일이든, 우리에게 일어나는 일은 모두 우리가 스스로 불러들였다. 어쩌다 그런 일을 불러들였는지 그 이유를 모를 뿐이다.

내가 이 말을 하는 이유는 어째서 나쁜 사건이나 재앙이 일어나는지에 대한 질문을 자주 받기 때문이다. 솔직히 나도 잘 모르겠다. 다만 이 말은 할 수 있다. 우리에게는 자기 삶에 좋은 일과 긍정적인 계기를 끌어들일 능력이 있다. 그렇게 하기로 마음만 먹는다면 무슨 일이든 일어날 수 있다. 우리의 생각과 신념의 힘이 우리 마인드에 미치는 영향에 대해서는 이미

앞에서 논했다. 끌어당김의 법칙은 우리의 생각이 우리를 둘러싼 세상에 영향을 미친다는 법칙이다.

단순하게 들릴 수 있다. 하지만 이 법칙은 당신에게 무거운 책임을 요구한다. 당신이 진정 원하는 결과와 부를 끌어들이기 위해서는 먼저 이것을 이해하고 받아들여야 한다. 지금까지 당신에게 일어난 일은 모두 당신이 끌어들인 것이며, 따라서 그것은 다른 누구도 아닌 당신의 책임임을 인정해야 한다. 하지만 이를 기꺼이 수용하는 사람은 많지 않다. 대개는 자신의 현재 결과에 대한 책임이 그동안 고수해온 신념에 있다는 생각은 제쳐놓고, 남이나 운명을 탓하는 편을 택한다.

사실 끌어당김의 법칙은 모든 것은 에너지이며 에너지는 끊임없이 움직이고 진동한다는 '진동의 법칙'의 하위 법칙이다. 진동의 법칙이 원자 수준에서 끝없이 진동하는 물리적 물체에만 해당되는 것은 아니다. 우리의 생각이 만들어내는 에너지에도 해당한다. 당신이 무언가를 생각할 때마다 당신은 에너지에 시동을 건다. 에너지는 같은 종류의 에너지를 더 끌어들인다. 긍정적인 생각은 긍정적인 에너지를 모으는 자석이다. 그렇다면 부정적인 생각은 어떤 에너지를 모을까? 말하지 않아도 알 것이다.

명심하자. 생각도 가려서 해야 한다. 끌어당김의 법칙은 좋고 나쁜 것을 가리지 않고 작동하기 때문이다. 이 법칙은 좋은 결과 만큼이나 나쁜 결과도 만들어낼 수 있다. 이 법칙은 어떠한 의견도 없다. 그저 당신이 집중하는 것을 당신에게 대령할 뿐이다. 명심해야 할 게 있다. 끌어당김의 법칙은 당신이 원한다고 말하는 것을 주지 않는다. 당신이 마음으로 집중하는 것을 가져다준다.

앞서 말한 대로, 공과금과 생활비 걱정 같은 부정적인 생각에 전전긍긍하기보다 일어나기 바라는 일에 생각을 집중해야 한다. 무엇에 생각을 집중할지가 매우 중요하다. 모든 생각에 끌어당김의 법칙이 작용하기 때문이다. 고지서에 대해 걱정할수록 당신은 돈을 충분히 벌지 못할 거라는 두려움에 집중하게 된다. 그리고 그 생각은 당신이 가고 싶어 하지 않는 곳으로 데려갈 가능성이 높다. 파산으로. 또는 그보다 절망적인 곳으로.

부의 증대에 생각을 집중함으로써 당신은 수입을 올릴 해법과 방안들을 끌어들이게 된다. 그러면 당신이 마음속으로 연습한 일, 즉 대출금이나 생활비 걱정 없이 사는 생활이 현실이 된다.

자, 당신은 당연히 끌어당김의 법칙을 해가 아니라 득이 되는 방향으로 이용하고 싶어질 것이다. 그 전에 먼저 자신의 현재 삶을 면밀하고 신중하게 들여다볼 필요가 있다. 자신의 현실에 유감을 가지라는 말은 아니다. 무언가를 두고 속상해하면 비슷한 일만 더 끌어당기게 된다. 다만, 당신의 현재를 최대한 객관적으로 바라볼 필요가 있다. 스스로 질문을 던져보자. 현재 당신 옆의 친구들은 어떤 사람들인가? 당신의 동료들은? 당신은 자신의 소득 수준에 대해 어떻게 생각하는가? 당신이 하고 있는 일은 어떻게 되어가는 중인가?

이 질문들을 던졌을 때 제일 먼저 뇌리를 스치는 답을 적어보자. 원치 않는 결과를 합리화하고 정당화하는 현실회피형 답이 아니라 제일 먼저 떠오르는 답을 적어야 한다.

다음에는 자신이 적은 것을 들여다보자. 거기 적힌 생각이 이제까지 당신의 현실을 프로그래밍한 요소다. 현재 당신의 인생에 있는 것들은 모두 당신 안의 생각과 신념이 자석처럼 끌어들인 것이다. 당신에게 처음 떠오른 생각은 잠재의식적 신념이 반영된 것이고, 그것이 당신의 삶에 지금의 현실을 끌어다 놓았다.

이 훈련을 시도한 사람들은 대부분 자기가 적은 생각과 신념이 사실은 자신이 싫어하는 생각과 신념이라고 말한다. 매우 흔하게 일어나는 일이다. 하지만 한 걸음 물러나 바라보면, 결국 이 모든 것이 지금까지의 자기 인생을 반영해왔다는 것을 깨닫는다. 그리고 원한다면 자신이 얼마든지 그 생각과 신념을 바꿀 수 있다는 것도. 이것이야말로 내가 많은 시간을 들여 사람들에게 마인드셋을 바꾸고 잠재의식을 긍정적인 생각으로 채울 것을 설파하는 이유다. 우리의 마음, 이곳이 바로 끌어당김의 법칙의 작동하는 곳이기 때문이다.

그러나 불행히도 많은 사람이 끌어당김의 법칙을 깨닫고도 여전히 전과 다름없는 결과를 얻는다. 내가 아무리 강연하고, 책과 오디오 파일과 코칭 프로그램을 통해 내 생각을 공유해도, 많은 사람이 여전히 매년, 심지어 10년이 지나고 20년이 지나도 같은 결과를 보여준다. 이를 목격하는 것은 언제나 슬프고 끔찍하다. 그들이 내 말을 이해하지 못했다고는 생각하지 않는다. 그들도 아마 머리로는 내 말이 옳다는 것을 알 것이다. 그리고 아마 나뿐 아니라 끌어당김의 법칙을 아는 다른 많은 이에게 반복적으로 같은 말을 들었을 것이다. 하지만 그들의 결과는 그들이 끌어당김의 법칙을 삶에 접목할 정도로 온전히 이해하지 못했음을 보여줄 뿐이다.

대체 왜 변화를 이끌지 못할까? 많은 이가 자신의 현재 결과를 대면하는 첫 단계에서 멈추고 만다. 현재의 삶이 자신이 원했던 삶이 아니며 자신이 자초한 결과임을 인정하는 것은 속상한 일이다. 뿌리 깊은 프로그래밍을 돌파할 용기가 있는 사람은 많지 않다. 실망스러운 결과를 마주하고 그에 대한 책임을 자신에게 묻는 일은 괴롭기 짝이 없다. 그래서 사람들은 책임을 회피하고 문제를 덮어둔다. 하지만 그들이 간과하는 것이 있다. 그것은 끌어당김의 법칙은 계속 가동되고 있다는 사실이다. 이 법칙을 꺼버릴 방법은 없다. 한순간도 멈추지 않고 작동한다. 어떤 방식으로 작동하느냐의 문제일 뿐이다. 현재 자기 삶의 문제를 회피하는 행동은 부정적이고 파괴적인 끌어당김의 법칙에 기름을 붓는 것과 같다.

자신의 상황을 자신이 창조한 것이라고 기꺼이 인정하는 사람들의 대열에 서야 한다. 그리고 부를 추구하는 행진에 끌어당김의 법칙을 전진 배치해야 한다. 자신의 현재 위치를 파악하고 그 결과를 만든 데 대한 책임을 받아들였다면, 당신은 앞으로 나아갈 준비가 되었다.

긍정적인 진동을 불러올 아이디어와 생각을 선택하려 애썼지만, 아직 어떠한 진전도 이루지 못했을 수 있다. 이럴 때는 자신의 내면을 바라보고 집중하는 것뿐 아니라 외부의 영향에도 주의해야 한다. 당신과 함께 시간을 보내는 사람들, 당신이 TV에서 보고 듣는 것들, 심지어 길을 지나며 우연히 듣는 대화까지 모두 나름의 진동을 가지고 있다. 부정적인 진동을 가진 사람들과 어울리면 지속적으로 긍정적인 아이디어를 선택하기가 어려워진다.

만약 친구나 가족 중에 한없이 부정적인 생각을 쏟아내는 사람이 있다면 어떨까? 그 사람이 자기 직장이나 인간관계나 경제적 형편에 대해 불평하는 것을 계속 듣고 있어야 한다면? 그런 환경은 긍정의 힘을 끌어들이지 못하게 방해한다. 그런 사람과 시간을 보내면 실제로 기운이 쭉 빠지는 것을 느낀다. 느낌만이 아니라 사실이다. 그들이 당신에게서 긍정적인 에너지를 뽑아갔으니까.

그러나 우리가 언제나 동업자나 동료를 선택할 수 있는 것은 아니다. 가족을 고를 수는 더더구나 없다. 피하는 것이 항상 능사는 아니다. 최선의 자기 보호책은 그들의 부정적인 에너지에 연루되기를 거부하는 것이다. 부정적인 사람들에게 끌려다니며 진을 빼지 말자. 그들이 뿜어내는 부정적인 영향을 피하고, 당신의 긍정적인 생각은 빛을 발하게 해야 한다.

당신의 에너지를 묻어버리려는 외부의 영향을 경계하자. 그런 영향을 받기 시작하면 당신이 원하는 부유한 삶은 흔적도 없이 증발한다. 현재의 삶을 벗어나는 데는 꾸준한 노력이 필요하다. 부정적 사고로부터 마음을 지키려면 단호한 태도를 취해야 한다.

앞서 내가 당신의 인생과 소득에 관해 물었던 것을 기억하는가? 다시 돌아가 자신이 적은 답을 분석해보자. 그 생각들은 어디에서 유래했는가? 어린 시절에 듣거나 경험했던 것인가? 선생님이나 부모님, 또는 다른 영향력 있는 사람에게 들은 말인가? 현재 상사나 배우자를 만나고 겪은 결과인가? 그들의 생각과 신념이 계속 당신의 삶을 좌우하도록 허용할 것인가?

어느 시점이 되면 어린아이도 어른의 지시에 저항한다. 언젠가 한 레스토랑에 점심을 먹으러 갔을 때의 일이다. 한 어린 소녀가 엄마에게 채소를 먹으라는 잔소리를 듣고 있었다. 소녀가 싫어하는 채소가 분명했다. 엄마가 채소를 먹으라고 할 때마다 소녀는 일관된 반응을 보였다. 소녀는 팔짱을 끼고 이를 악물며 말했다. "나한테 이래라 저래라 간섭하지 마!"

당신의 마음속을 덜걱대며 굴러다니는 외부의 영향에, 당신도 그 소녀처럼 반응해야 한다. "나한테 이래라 저래라 하지 마!"라고 말이다. 당신에게는 오래된 관념을 바꾸고 거부할 선택권이 있다. 그 선택권을 행사하려면 강한 의지와 결단이 필요하다. 먹기 싫은 것은 단 한 입도 먹지 않기로 작정한 소녀처럼, 당신 역시 그런 결기를 발휘해야 내면의 생각을 바꿀 수 있다.

당신의 삶을 형성하는 생각이 어디서 왔는지 깨닫고 그 생각을 바꾸기로 결심하기 전까지는 부를 향한 길에서 큰 진전을 이루기 어렵다. 일단 생각을 바꾸기로 마음먹은 다음에는 이 변화를 끝까지 관찰하고 말겠다는 집념이 필요하다. 새해 다짐보다도, 그 어떤 출사표보다도 훨씬 강한 의지가 있어야 한다. 반드시 해내고 말겠다는 자신과의 약속이 필요하다. 하지만 이 약속도 출발점에 불과하다.

구체적인
미래 이미지를 그리라

⁜

이제 당신은 스타팅게이트에 섰고, 달릴 준비가 되었다. 하지만 출발하기 전에 먼저 결승선이 어디인지 알아야 한다. 머릿속에 자신이 어디로 가고 있는지 명확히 그릴 수 있어야 한다. 그렇지 못하면 자신의 진동을 어디에 집중해야 할지 종잡을 수 없게 된다. 나는 이런 경우를 여러 번 보았다. 마음속 최종 결과가 선명하지 않으면 그저 그런 결과를 얻게 된다.

다시 말해 다 잘해나가고 있는 것 같은데 기대했던 부가 흘러들지 않는 상황에 처하는 것이다. 흘러들기는커녕 한 방울도 떨어지지 않는다. 이런 상황이 오면 당신은 실패했다고 규정하고 모두 집어치울 생각을 한다. 그러면 당신은 이 책의 아이디어가 모두 효과 없다고 속단하는 실수를 범하게 된다. 최악의 경우 그 속단이 비범하지 못한 삶으로 후퇴하는 것을 정당화하는 핑계로 쓰인다.

여기서 잠깐, 당신은 변하겠다는 약속을 했고, 그 사실을 잊은 적이 없으며, 긍정에 집중하는 법을 배웠다. 그런데 뭐가 문제일까? 왜 아무 소식이 없는 걸까? 그것은 자신이 무엇을 원하는지 구체적으로 이미지를 만들어 그리지 못했기 때문이다. 이는 결승선 없는 경주에 참가하는 것과 같다. 무작정 달리면 힘만 소진될 뿐이다. 혹시 이것이 당신의 현재 상태인가? 만약 그렇다면 1장에서 말한 첫 번째 기법으로 돌아가자. 바로 시각화 기법이다. 자신이 원하는 것을 최대한 구체적이고 자세하게 시각화해보자.

당신이 목표를 달성했을 때 당신의 비즈니스는 어떤 모습일지 현재시제로 적어보자. 예를 들면 이렇게 쓴다. "지금 나는 고객에게 높은 가치와 품질을 제공하며 매일 수천 달러를 벌고 있다. 너무나 행복하고 감사하다." 반드시 긍정형 문장으로 쓰고, 원치 않는 것이 아니라 원하는 것에 집중하라. 예를 들어 "월말이 되기 전까지 돈이 바닥나지 않는다"라고 쓰는 게 아니라, "나는 내 생활을 유지하고 가족을 부양하고도 남을 만큼의 돈을 매우 쉽게 번다"라고 쓴다.

당신이 살게 될 미래의 집도 상상해보자. 실제로 그 집을 돌아다니며 누군가에게 구경을 시켜주는 것처럼 자세히 그려본다. 고급 목재로 만든 가구와 멋진 무늬의 바닥, 근사한 러그와 대리석 장식을 떠올리고, 식탁 위 꽃병에 꽂힌 이국적인 생화부터 진열장 안의 고급 크리스털 잔들까지 세세하게 상상한다.

이번에는 당신의 비즈니스를 상상하자. 당신의 일이 집에서 하는 일인 경우, 필요한 모든 것이 쓰기 편하게 배치된 홈 오피스를 머리에 그려본다. 일을 마치고 근사한 정원에서 커피를 마시며 휴식을 취하거나 학교에 아이를 데리러 가는 당신의 모습도 떠올려보자. 이런 식의 정교하고 세세한 상상은 당신이 창조하고 있는 미래에 더욱 몰입하게 해준다.

그다음 이렇게 만든 이미지 속으로 매일같이 들어가자. 이 활동은 매우 중요하다. 매일 그곳으로 들어가 그 최종 결과를 이끌 시나리오를 만들어보자. 가령 당신의 사업 구상을 전 세계로 확대하기 위한 국제 비즈니스 미팅을 상상하거나 카리브해의 섬에 있는 새 별장을 구입하는 상상을 한다. 아름다운 해변에 파도가 거품을 만드는 풍경과 소리와 냄새를 느끼고, 모래에 묻힌 발가락을 내려다본다. 상상 속 장면에는 다른 사람들도 등장할 수 있다. 예를 들어 부모님에게 새 집을 사드리거나 호화 유람선 여행을 보내드리는 상상을 더할 수 있다. 부유해져서 다른 사람들을 도울 수 있을 때의 기분이 어떨까? 그때 느낄 감정을 적고, 그 기분을 꽉 붙들자. 원하는 이미지를 글로 자세히 묘사해볼 것을 권한다. 묘사는 생각을 부르고, 생각하면 할수록 더 상세한 이미지를 만들 수 있다. 이는 긍정적인 기분을 유발하고, 기분은 행동으로 표출된다. 행동은 반응을 일으키고, 결과적으로 당신의 상황과 환경, 그리고 삶의 조건을 바꾼다. 이것이 바로 끌어당김의 법칙이다.

새로운 이미지 구축에 집중하고 주목할수록 그 이미지가 더 빨리 실현된다. 당신이 그려가는 새롭고 생동감 있는 그림에 더 많은 관심과 주의를 기울일수록 에너지의 진동이 더 빨리 팽창한다. 에너지의 전하량이 커지고 진동 속도가 증가한다. 이 증가량이 생각을 증폭시켜서 더 완벽한 결과를 더 빨리 가져온다. 이 이미지를 즐기는 것은 에너지를 운동으로 만드는 일과 같다. 당신의 마인드에 그림을 새김으로써 새로운 인식과 기분을 창조하는 것이다. 그 진동이 행동이 된다. 저절로 그렇게 된다. 달라진 것이 있다면 이제는 그 행동이 당신이 원치 않는 결과가 아니라 원하는 결과를 만들어낸다는 것이다.

다만 이 일이 하룻밤 새에 일어나지 않는다. 이 점을 이해하는 것이 중요하다. 나는 사람들에게 적어도 30일은 지속해야 뭐라도 일어나기 시작할 것이며, 그 변화도 처음에는 미약할 거라고 말한다. 물론 시도한 지 며칠 만에 결과를 경험하는 사람들도 있다. 당신이 그 경우일 수도 있겠지만, 보통은 시간이 걸린다는 것을 염두에 두자. 이는 운과는 아무 상관이 없다. 다만 의식 수준과 관계있다. 각자 프로그래밍된 정도가 다르고, 따라서 부에 대한 의식과 부유한 마음을 얻기 위해 극복해야 할 낡은 믿음의 강도도 다르다. 이런 이유로 부에 이르는 경로와 경험도 제각각 다르다. 변화가 드러나는 데 걸리는 시간도 마찬가지다.

좋은 소식도 있다. 일단 새로운 이미지를 구축하기 시작하면 그 이전으로 돌아가기 싫어진다. 당신이 상상하는 것보다 못한 현실에 안주하기 싫어진다. 당신의 의식은 이미 확장되어 새로운 장소에 닿아 있고, 당신은 그곳에 애착을 형성했다. 이 애착은 당신이 이 새로운 장소로 계속 밀고 나가기를 권한다. 그러니 새로 구축한 이미지를 마음속에 단단히 간직하고, 자신에게 낙담이나 의욕 상실을 허용하지 말자. 인간의 마음이 신념을 붙들고 늘어지는 데 얼마나 선수인지 기억하자. 환상통을 겪는 환자처럼, 상황이 바뀌었음을 마음에 납득시키는 데는 종종 시간이 걸린다.

오래된 믿음은 매우 힘이 세다. 그것들은 사람, 장소, 사건의 모습뿐 아니라 기억, 고통, 감정의 조합이기 때문이다. 이는 단지 하나의 부정적인 사고 습관이 아니다. 이 믿음은 다층적이고 복합적이다. 별개의 생각이 아니다. 하나의 거대한 습관 체계에 속한 일부들이다. 서로를 떠받치며 얽혀 있다. 이것이 긍정적 사고 프로그램이 효과가 없는 이유다. 다차원적인 문제에 일차원적인 해법을 적용해서는 안 된다. 내가 앞서 말한 기법을 모두 사용해야 한다. 한두 가지만 써서는 효과가 없다. 전부

적용해야 한다.

과정은 당신의 바람이나 예상보다 더딜 수 있지만, 변화는 반드시 일어난다. 당신은 삶의 변화를 느끼고, 부의 기회를 끌어당기는 자신의 능력을 알아차리게 될 것이다. 내가 보장한다. 여기저기서 작은 차이와 변화를 보기 시작하면, 부유한 현실을 실현하는 데 점점 더 몰입하게 된다. 그리고 그 순간이 바로 열정을 불사르면서 부의 마인드셋을 각인하는 데 매진할 때다.

진정으로 성취하고 싶은 인생 목표가 있다면 처음에는 많은 양의 자원을 투자해야 한다. 그 자원에는 시간도 포함된다. 이는 새로운 사실이 아니다. 당신은 이를 이미 경험으로 안다. 누구나 살면서 오랜 기간 전력투구해서 이뤄낸 성과가 한두 가지씩 있다. 당신의 경험을 떠올려보라. 처음에는 그 노력이 전혀 편하지 않았을 것이다. 편하기는커녕 고통스러웠을 것이다. 거기 주력하기 위해 포기해야 했던 것도 있을 것이다. 하지만 당신은 그 성과를 더 원했다. 그것을 갈망했다. 그래서 계속 견뎌냈다.

이것이 반복되면서 결국 당신은 목표에 집중한 나머지 자신이 목표 추구를 위해 무엇을 포기하고 있는지는 더 이상 생각하지 않게 된다. 그 목표를 달성하는 일이 삶의 우선순위가 되었고, 당신은 그 일을 해내기로 작정한다.

당신이 매일 하는 일들을 떠올려보자. 그 일들이 부의 마인드셋을 기르는 것보다 중요한가? 만약 당신의 대답이 '그렇다'라면, 당신이 새로운 삶에 충분히 시간을 할애하고 있을 가능성은 작다. 당신이 정말로 인생을 멋지게 바꾸고 싶다면 시간 투자의 우선순위를 바꾸지 않을까?

긍정적 이미지와 믿음을 새로이 하나씩 구축함에 따라 삶의 다른 영역도 함께 향상되는 것을 느끼게 될 것이다. 긍정적인 에너지가 넘쳐흐르면 다른 부분까지 덕을 보게 된다. 당신의 변화를 목격하는 타인, 특히 당신과 가까운 사람들도 영감을 받기 시작한다. 새로운 삶의 방식은 당신에게 긍정적인 변화를 일으키는 데 그치지 않는다. 당신의 가족과 미래 세대도 당신을 보고 배우면서 그 변화의 공동 수혜자가 된다. 이것이 목표한 삶으로의 여정을 단 하루도 지체할 수 없는 또 하나의 이유다.

사람들은 자주 "언젠가 할 거야"라고 말한다. 자신의 꿈이 마침내 실현되는 시점을 '언젠가'로 부르는 것이다. 하지만 이 사고방식이야말로 가능성을 죽이는 킬러이자 꿈의 파괴자다. 꿈을 미루는 것은 삶이 당신에게 제공하는 것을 전부 놓치는 것과 같다. 당신이 지금 내리는 결정이 당신의 미래를 결정한다. 일어나야 할 변화를 계속 미루고, 그렇게 지연된 삶 자체가 당신의 존재 방식이 되면 어떻게 될까? 장담컨대 당신의 '언젠가'는 영원히 오지 않는다.

운 좋은 사람은
따로 있다는 착각

✣

'인간사는 미리 정해져 있어서 바꿀 수 없다'는 식의 결정론이 끈질기게 우리의 의식을 지배한다. 그러나 이 결정론은 얼토당토않다. 이것이 사실이라면 우리에게는 선택할 힘이 없어야 하는데, 그렇지 않다. 우리에게는 선택권이 있다. 사람들은 결과에 대한 책임을 피하고자 종종 숙명이나 운명의 개념을 이용한다. 스스로 책임을 지는 것보다는 외부의 존재나 힘을 탓하는 것이 쉽기 때문이다. 대개는 '숙명'을 고정적인 개념으로 이해한다. 마치 '앞날은 이렇게 풀릴 것이며, 거기에 내가 정할 수 있는 것은 아무것도 없다'는 메시지가 태어날 때부터 별자리에 새겨져 있는 것처럼. 당연한 말이지만, 이런 사고는 수동적인 태도를 낳는다. 이는 무인도의 해변에 앉아서 언젠가 배가 다가와 자신을 데려가기를 하염없이 기다리는 것과 같다.

많은 사람이 언젠가 숙명이 찾아와 인생을 바꿔줄 것으로 생각하며 살아간다. 그러느라 허송세월했다는 것을 깨달을 무렵에는 이미 너무 늦다. 일, 점심 식사, 저녁 식사, 가끔의 여흥, 휴식이라는 단조로운 일상에서, 그들은 사실상 잠들어 있는 셈이다. 지루한 일상이 반복되고, 하루하루가 똑같이 흘러간다. 하루하루가 몇 달이 되고, 몇 달이 몇 년으로 이어진다.

이는 그저 먹고사는 데 급급한 태도와 다르지 않다. 그들은 가만히 앉아서 아무 일이나 일어나기를 기다린다. 그러다 너무나도 쉽게 '부는 내 팔자에 없는 것'이라고 단정 짓는다. 하지만 포기는 후퇴에 불과하다. 상황 개선의 노력이 없으면 생활 수준은 급락한다. 그들은 부정적 태도를 그물처럼 펼치고, 그렇게 끌어들인 사건에 의해 우왕좌왕 떠밀려 다닌다. 그들의 삶은 계속해서 후퇴한다. 그런 삶은 자기가 지은 인식의 감옥에 갇힌 것과 같다.

나는 〈쇼생크 탈출〉을 좋아한다. 이 영화의 전제가 되는 관념 때문이다. 오랜 세월 감옥에서 살아온 죄수들은 자활 능력을 잃고 모든 사고방식이 제도화된다. 죄수들은 감옥 생활에 길든 나머지 그곳을 집으로 받아들인다. 감옥이 그들의 유일한 소속이 되고, 자유를 향한 그들의 꿈은 사라진다. 석방된 죄수는 그곳으로 돌아가기 위해 다시 범죄를 저지른다. 감방 벽 안의 한정적인 삶에 익숙해진 죄수들에게 바깥 세계는 무섭고 생경한 곳이다.

오래된 믿음의 한계 내에서 살기로 선택한 사람들도 이 영화에 등장하는 죄수와 비슷하다. 그 유사성이 분명하게 드러날 때가 있다. 바로 누군가 그들에게 새롭고 흥미로운 가능성이나 기회를 제시할 때다. 그들은 그 아이디어를 즉시 거부하고 가능한 멀리 달아난다. 만약 그들이 지금보다 나은 삶을 살 수 있으며, 자신의 현 상황이 자신의 책임이라는 것을 받아들인 후에도 지금껏 살던 것처럼 살 수 있을까? 그럴 수 없을 것이다.

많은 이가 여전히 정신적 감옥에서 살아간다. 그곳은 실제 감옥에 못지않게 폐쇄적이다. 세상의 모든 자유가 자기 손에 주어졌음에도 그들은 그 권리를 행사하지 않는다. 그들은 마치 죄수처럼, 자신이 더 나은 삶을 누릴 수 있다고 믿기를 거부한다. 더 나은 삶은 불가능하며 그 책임은 외부의 힘, 이를테면 숙명에 있다고 믿는 편을 택한다.

대체 왜 그럴까? 인생을 바꾸는 데는 용기와 끈기가 필요하기 때문이다. 오래된 패턴을 깨고, 오래된 습관을 바꾸고, 사고

회로를 재설정하는 일에는 끊임없는 노력이 필요하다. 집념이 없다면 자신에게 이렇게 말하기가 쉽다. "나는 못 해. 이건 너무 힘들어. 내가 뭐라고 그걸 해내겠어. 그러다 실패하면 어떡해? 지금 내게는 적어도 '무언가'가 있어. 딱히 내가 원하는 삶도, 내가 좋아하는 삶도 아니지만 그래도 이게 내 삶이야. 내가 가지고 있는 것을 잃고 싶지는 않아."

운명에 대한 생각도 크게 다르지 않다. 부자가 될 운명이나 영화를 누릴 팔자가 따로 존재할 리 있겠는가? 그런 말은 선택된 소수에게만 부자가 될 권리가 부여된다는 소리다. 무슨 요술 지팡이가 조화를 부리는 것도 아니고. 천만의 말씀이다. 부유한 사람들은 부자가 될 운명이기 때문에 부유한 게 아니다. 부를 얻고, 유지하고, 키우는 일에 몰두했기 때문에 부유한 것이다.

상속으로 부자가 된 사람들을 보면 이를 실감할 수 있다. 부가 거저 주어졌을 때 부를 운영할 줄 모르는 사람은 돈을 헛되이 탕진하기 쉽다. 부만 물려받았지 부유한 마음은 얻지 못했기 때문이다. 부유한 마음은 절대 상속되지 않는다!

부를 얻으려면 부유하게 생각하는 법을 배우고, 끌어당김과 긍정 에너지의 원칙을 적용해야 한다. 위대한 골퍼 게리 플레

이어는 이런 말을 했다. "열심히 연습할수록 운이 좋아진다." 그는 성공하는 데 정해진 운명 따위가 존재하지 않는다는 것을 잘 알고 있었다.

부를 쉽게 축적하는 듯이 보이는 사람들이 있다. 그들이야말로 정말로 운이 좋은 사람들이 아닐까? 그렇지 않다. 세상에는 숙명을 자기편에 둔 사람도 없고, 부자가 될 운명을 타고난 사람도 없다. 그들은 단지 부를 쉽게 축적하는 것처럼 보이는 마인드셋과 기량을 개발했을 뿐이다. 운을 타고나는 사람은 없다. 지금 당장 당신을 부유하게 해줄 마음을 개발하자. 당신의 노력이 당신이 찾는 보상을 가져다줄 것이다.

우리는 동등한 수준의 잠재력을 가지고 태어나고, 부는 우리 모두가 태어날 때부터 공통으로 지닌 권리다. 이 권리는 시간이 지난다고 해서 줄어들지 않는다. 따라서 나이와 상관없이, 당신이 마음만 먹는다면 원래부터 당신 것이었던 무한한 풍요를 확보할 수 있다. 오히려 경험이 많을수록 남들에게 더 많은 가치를 제공할 수 있다. 다각적인 경험은 가치 창출 방법을 찾는 사람에게 돈으로 살 수 없는 귀한 자산이 된다.

우연이나 요행으로 일어나는 일은 없다. 당신이 지금까지 이

어온 삶이 당신이 원하는 결과를 내지 못했을 수 있지만, 열정을 찾는 과정에서 미래를 위한 씨앗이 생겨날 수는 있다. 일이 잘 풀리기만을 바라며 평생 우왕좌왕하지 말자. 미래를 능동적으로 계획하고 그것을 시각화해야 한다.

자신의 결과를 자신의 책임으로 받아들이고 숙명과 운명을 탓하기를 멈추는 것은 자신에게 권한을 부여하는 일이다. 많은 사람이 이 권한 부여가 주는 자신감 상승 효과에 놀란다. 어디로 가겠다는 개념 없이 너무 오랫동안 떠다니듯 살아왔는가? 이제 결승선을 시각화하자. 그리고 새롭고 막강한 기분을 느껴보자. 당신의 삶은 당신의 통제 안에 있고, 당신이 경험하기로 선택하는 일이 당신을 세상에서 독보적인 존재로 만든다. 새로이 얻은 권한 의식이 그 일을 더 충만히 즐기게 해준다. 이제 당신은 그 일을 자신이 만들어냈다는 것을, 자신에게 원하는 것은 무엇이든 불러올 능력이 있다는 것을 알기 때문이다.

부의 마인드셋을 기르는 법칙

❸

✤ 나의 결과를 남의 결과와 비교하지 않는다.

✤ 나의 현재는 나의 미래와 무관함을 인식한다.

✤ 고유해지자. 다른 사람의 열정을 모방할 수는 없다.

✤ 시간은 만금과도 바꿀 수 없음을 깨달으라.

✤ 무관심은 평범한 삶의 친구이며 진정한 부의 적이다.

✤ 현재에 대한 책임이 내게 있다는 것을 받아들이라.

✤ 끌어당김의 법칙은 판단하지 않는다. 그저 내가 몰두하는 것을 내 앞에 가져다놓을 뿐이다.

✤ 용기를 가지라.

✖

가난과 부 모두 생각에서 나온다.

–

나폴레온 힐

· 4장 ·

목적과 비전,
목표가 필요하다

부유한 사람들은 자신이 사랑하는 일을 한다. 앞에서도 이 말을 여러 번 했다. 이것이야말로 부의 원리에서 가장 중요한 개념이기 때문이다. 부의 대열에 합류할 계획이라면 당신도 자신이 사랑하는 것에 열정을 가져야 한다.

당신은 고유한 개인이며, 당신에게는 다른 누구에게도 없는 특별한 재능과 능력이 있다. 또한 당신에게는 나름의 호와 불호가 있다.

우리는 성장기에 이런저런 새로운 것을 시도하고, 그 과정에서 유난히 끌리는 것과 잘하는 것을 발견한다. 이는 주로 자신을 남들과 차별화하기 시작하는 아동기에 시작된다. 어떤 아이는 음악에 끌리고, 어떤 아이는 미술에 눈을 반짝인다. 또 어떤 아이는 이야기하는 것을 좋아하고 어떤 아이는 숫자에 매료된다. 개인은 고유하게 조합된 여러 재능을 지니고 태어난다. 여러 재능이 당신의 마인드에 유전적으로 심어져 있고, 성장하면서 발현된다.

삶의 목적은 이 고유한 재능 조합에서 나온다. 이 조합은 당신을 남들과 구별 짓고, 당신의 존재 이유를 증명한다. 이는 지문처럼 고유하며, 오직 당신만이 발견할 수 있다. 생각해보라. 당신이 누구인지를 정의하는 재능의 조합은 지금까지 지구상에 똑같이 존재한 적이 없었다! 저마다의 고유한 조합에서 새롭고 혁신적인 아이디어가 샘솟는다. 이것이 매일 끝없이 새로운 발견이 일어나는 이유다.

삶의 목적은 내적 안내 시스템이다. 그 시스템은 당신의 행위와 생각을 지휘해서 당신이 욕망하는 삶을 창조하도록 집중하게 한다. 하지만 모든 사람이 자신의 목적을 아는 것은 아니다. 대부분 거기에 대해 생각해본 적이 없거나, 심지어 어떤 사람은 자신에게 목적 따위 없다고 여긴다. 하지만 누구나 목적은 있다. 알아채지 못하고 있을 뿐이다. 자신의 목적을 알지 못하면 삶이 좌충우돌의 연속으로 느껴진다. 원하는 삶을 얻겠다는 생각만으로 이것저것 시도하면서 동분서주하기 때문이다. 노력의 방향을 잡아줄 목적이 없다면 헛수고만 하다가 녹초가 될 뿐이다. 그렇게 해서는 진전을 볼 수가 없다.

지금의 삶이 답답하고 지루한가? 당신의 삶에 주도권 없이 끌려다니는 느낌인가? 이 단절감의 치료법은 바로 목적을 찾는 것이다. 지금 시작해야 한다. 삶의 목적을 찾는 첫 번째 단계는 당신이 좋아하고 잘하는 게 무엇인지 짚어보는 것이다. 당신의 재능 중 어느 것도 무시하거나 실격 처리하지 말아야 한다.

"음, 나는 예술가지만 예술 말고 돈 되는 직업을 얻어야 해." "나는 노래 부르는 게 좋아. 하지만 그건 그냥 취미일 뿐이야." "사람들과 이야기 나누는 게 좋지만, 그걸로 밥벌이할 수는 없으니까." 주변에서 많이 듣던 말이다. 사람들은 자신이 좋아서 하는 일을 한낱 취미나 심심풀이로 치부할 때가 많다. 그러나 어떤 일에서도 부를 창출할 수 있다. 즐거운 일은 생계 수단이 될 수 없다는 생각은 오해다. 일단 삶의 목적을 정확히 정의했다면 돈 벌 방법을 생각해내려 굳이 애쓸 필요조차 없다. 누군가 당신의 귀에 속삭이는 것처럼 아이디어가 술술 떠오르고, 모든 생각이 멋지게 어우러진다.

앞서 나는 모방은 자살이라는 에머슨의 말을 인용했다. 남의 열정은 모방할 수 없다는 뜻이다. **삶의 목적을 찾는 비결은 자신의 고유한 열정을 따르는 것이다.** 한번 생각해보자. 누가 시키지 않아도, 돈 한 푼 생기지 않아도 기꺼이 할 수 있는 일, 그만큼 당신이 좋아하는 일은 무엇인가? 무언가에 몰두하느라 시간가는 줄 몰랐던 적을 떠올려보자. 바로 그곳이 목적을 찾기 위해 살펴볼 곳이다. 샅샅이 찾아볼 필요도 없다. 답이 거의 즉각적으로 떠오를 것이다.

문제는 아이디어가 떠오르는 즉시 무시된다는 데 있다. 당신 안의 오래된 믿음이 싹을 밟아버린다. 이런 낡은 믿음 중 하나가 즐거운 일은 돈벌이가 될 수 없다는 통념이다. 마음에 떠오르는 어떤 아이디어도 실격시키지 말자. 그러지 않기로 의식적으로 노력해야 한다. 당신이 좋아하는 일들을 머리에 떠오르는 대로 적어서 목록을 만들자.

유효한 아이디어를 무시하는 또 다른 경우는 당신이 이미 다른 궤도에 올라 있다는 생각이다. 당신은 자신에게 말한다. "지금 가고 있는 길에 이미 상당한 시간과 돈과 에너지를 투입했는데, 이제 와서 그걸 어떻게 바꾸지?" 지금의 직업에 필요한 교육을 받고 경험을 쌓느라 이미 많은 시간과 노력을 들였다면, 전업하기란 결코 쉽지 않다. '이제 와서 모든 것을 내버린다면, 그거야말로 인생 낭비가 아닐까?'라는 생각이 들지도 모른다.

하지만 잠시 생각해보자. 전업이 꼭 '그간의 모든 것을 내버리는 것'을 뜻할까? 직업을 바꾸면 당신이 이제까지 배운 것이 완전히 사장되어 아무 쓸모가 없어질까? 그렇지 않다. 당신의 형편이 지금보다 나빠진다는 뜻일까? 그렇지 않다. 당신이 중간에 포기하는 나약한 인간이라는 뜻인가? 그렇지 않다. 그렇다면 인생이 바뀐다는 뜻인가? 그렇다. 인생을 바꾸는 일은 분명 겁나는 일이다. 직업을 바꾸는 것은 살면서 겪는 중대한 변화다. 하지만 중대한 변화도 결국 하나의 변화일 뿐이다. 당신이 경로를 변경한다고 해서 그것이 당신이 쌓아온 경력과 노하우가 무용지물이 된다는 의미는 아니다. 당신의 처지가 더 궁색해지는 것을 의미하지도 않는다. 이렇게 물어보자. 남은 평생 당신이 좋아하고 열정을 둔 일을 업으로 삼는 것이 나을까, 아니면 의무감에 하루하루 버티는 일자리에 머물러 있는 것이 나을까?

이불을 박차고 나갈
이유를 찾으라

✤

당신 안에서 열정의 불꽃을 일으키는 아이디어를 발견하면 더는 아침에 우울하게 일어나지 않아도 된다. 아침마다 '오늘 하루가 또 내게 무엇을 안겨줄까?'라는 기대로 이불을 박차고 일어나게 된다. 기쁨과 흥분으로 가득한 날들을 보내게 된다. 새로운 아이디어는 마치 근사한 모험을 시작할 때의 벅찬 기대감 같은 에너지로 당신을 채울 것이다.

삶의 목적은 곧 삶의 이유다. 그것이 당신이 일을 하는 까닭이다. 그것이 당신의 삶을 추동하는 근본적인 동기다. 당신이 자신의 목적을 찾을 때 이해해야 할 것이 있다. 목적은 외부에 있지 않다. 오직 당신 안에서만 찾을 수 있다. 그것은 당신의 타고난 일부로, 오직 당신 내부에서만 나온다. 자신의 목적이 무엇인지 남에게 물어볼 수 없다. 남이 줄 수 있는 것은 각자 자기 신념에 기반해서 당신을 보는 견해일 뿐이다. 당신이 남의 열정을 흉내 낼 수 없듯이 남도 당신의 열정을 짐작할 수 없다. 심지어 그들 중 일부는 자신이 가진 두려움이나 추정을 앞세워 당신의 의욕을 꺾을 수도 있다. 자기 내면을 들여다보고 거기서 자신의 재능을 확인하려면 부정적인 생각이나 현실적인 이유는 제쳐놓아야 한다. 그것들은 그저 그럴싸하게 변장한 두려움일 뿐이다. 그것이 당신의 미래를 주무르게 놔둘 수는 없다.

자기 직업에 좌절감과 권태감을 느끼면서도 거기서 빠져나오지 못하는 사람은 수없이 많다. 그들은 꿈과 욕구를 희생하고 주어진 일만 하며 끝없이 돌아가는 톱니바퀴의 부품이 된 기분으로 산다. 내가 조언하고 싶은 점은 소득원을 다양화해야 한다는 것이다. 다중 소득원은 생활 수준을 희생하거나 돈벌이의 책임을 회피하지 않고도 자신의 욕구와 욕망을 실현할 자유를 준다. 모든 것은 선택의 문제다. 일단 목적을 찾으면 그것을 성취할 방법도 찾게 된다. 방법이 없을 거라는 두려움에 휘둘려서는 안 된다.

혹시 전에 시도했다가 실패한 경험으로 위축되어 있는가? 누구나 실패해본 경험이 있다. 당신도, 나도, 다른 어떤 부자나 위인도 마찬가지다. 실패의 이유는 우리의 의도에 있지 않다. 우리의 내적 안내 시스템이 꺼져 있었던 탓이다. 이 점을 이해하는 것이 중요하다. 내적 안내 시스템은 우리가 추구하는 바와 조화를 이루지 못하면 제대로 작동하지 못한다. 이 상황이 되면 우리는 했거나 하지 않은 일을 돌아보며 자책에 빠지기 쉽다. 이런 미련은 '만약 ~하면 어쩌지?'의 역방향 버전이다. 만약 내가 이렇게 했더라면? 저렇게 했더라면? 지난 일을 두고 왈가왈부해봤자 시간 낭비일 뿐이다. 과거는 바꿀 수 없다. '~했더라면' 하는 사고방식은 미래를 좀먹는다.

조각배를 타고 무인도에 고립된 예로 돌아가보자. 당신은 마침내 용기를 내서 작은 배에 올라타고 해변을 떠났다. 있는 힘껏 노를 젓고 또 저었지만, 해류가 계속 배를 다시 무인도로 밀어 보낸다. 육지가 존재하지 않거나 탈출 시도가 잘못이라는 의미일까? 그렇지 않다! 당신은 마땅히 할 일을 했다. 다만 방향을 잘못 잡았을 뿐이다. 다시 배에 올라 새로 시작하는 것은 첫 시도보다 어렵다. 이미 한 번 실패했기 때문에 극복해야 할 의심과 두려움이 더 많아졌다.

전에 사업이나 투자를 시도했다가 결과가 좋지 않았던 적이 있는가? 그 경우 새로 시도할 때 당신의 마음이 "사업은 위험해!" 또는 "너는 사업에 맞지 않아!"라고 말할 수 있다. 그 설득에 넘어가지 말자. 얼마든지 다시 시도할 기회가 있다는 것을 믿자. 이번에는 당신의 목적을 길잡이로 삼아 옳은 방향을 잡을 수 있다. 남들의 견해나 당신의 과거 경험이 당신에게 당신의 바람이나 자격에 미치지 못하는 삶에 안주할 것을 종용해도, 거기에 설득당하지 말자.

도전하려면 창의력이 필요하다. 많은 이가 특히 이 부분을 어려워한다. 우리 대부분은 창의적 사고력을 거의 발휘하지 않는다. 놀랄 일도 아니다. 우리는 취학 연령에 이르면서부터 창의적이기보다 순응하는 교육을 받는다. 발언하려면 손을 들어야 하고, 선 안에 색을 칠하고, 줄 맞춰 걸어야 한다. 우리는 창의적 해결책을 제시하기보다 '맞는' 답을 찾는 훈련을 받는다. 지도에 따르지 않으면 피해를 감수해야 한다. 학교가 나쁘다는 말은 아니다. 어쨌거나 교사는 학생에게 질서를 가르칠 의무가 있다. 하지만 이런 교육은 우리를 타성에 빠지게 만들고 강박에 갇히게 한다.

결국 대부분의 사람처럼 당신도 습관적으로 현상 유지에 부합하는 삶을 살기 마련이다. 이 삶을 바꾸거나 거기서 벗어나는 데는 막대한 노력이 든다. 비록 이 과정이 불행하게 느껴질지라도 우리는 노력해야 한다. 우리가 받은 교육은 평균의 태도라는 씨앗을 심고, 대부분은 평생 이 태도를 지니고 산다. 이는 광대한 회색지대에 속해 있는 것과 같다. 끔찍하진 않지만 멋지지도 않다.

나도 내가 딱히 특별하지 않다고 생각하면서 수십 년을 보냈다. 내가 가진 어떤 것도 남들이 가진 것과 크게 다르지 않았다. 사람들은 내게 내 한계를 받아들이고 남들처럼 살아야 한다고 반복적으로 말했다. 나는 세월이 많이 흐른 후에야 내 안에 누구에게도 없는 무언가가 있다는 것을 깨달았다. 내게는 특별한 재능과 고유한 세계관이 있었다. 그것은 오직 나만의 것이었다.

당신도 그렇다. 당신이 자신의 고유한 재능에 집중하면 자신이 얼마나 복잡하고 놀라운 존재인지 깨닫게 될 것이다. 조각품을 만들고, 컴퓨터를 프로그래밍하고, 식물을 건강히 돌보고, 노래를 멋지게 부르고, 숫자를 다루고, 사람들 앞에서 연설하고, 스타일리시한 옷과 액세서리를 고르고, 가구를 제작하고, 연애 소설을 쓰는 등의 능력을 더해보자. 당신의 특별하고 고유한 재능들이 한데 합쳐져서 당신이라는 유례없는 걸작을 만들어낸다.

남의 비난으로부터
내 열정을 지키는 법

❖

당신이 삶의 목적을 찾았다면, 이제 남의 의견을 구할 때가 아니다. 이 점을 유념하자. 당신의 목적은 방향일 뿐이다. 당신이 찾은 목적은 아직 작은 씨앗이다. 이 씨앗은 자칫하면 남들의 참견으로 쉽게 파괴될 수 있다. 오래전에 내게도 일어났던 일이다. 내가 배운 것을 남들과 공유하기로 처음 결심했을 때였다. 그때 나는 자기계발 연구 기관 나이팅게일 코넌트Nightingale Conant에서 5년째 일하고 있었는데, 나의 친한 친구이자 멘토인 얼 나이팅게일이 하는 일을 나도 하고 싶다는 생각이 들었다. 내가 그때까지 쌓아온 교육과 지식을 활용해서 내 이름을 걸고 나만의 사업을 꾸리고 싶었다. 그래서 녹음기를 사서 자기계발에 관한 생각을 녹음했다.

　나는 가슴이 부풀었다. 나는 내가 삶의 목적을 찾았음을 깨달았다. 이 목적이 내 존재 전체에 에너지를 불어넣었다. 나는 신이 나서 피드백을 구하러 나섰다. 누군가 이것이 내 삶의 목적이며, 기막히게 좋은 아이디어라고 동의해주기 바랐다. 나는 친한 친구에게 전화를 걸어 들려주고 싶은 멋진 아이디어가 있다고 말했다. 나는 친구의 집에 가서 녹음기를 틀었다.

녹음기가 돌아가는 동안 친구는 아무 말도 하지 않았다. 어떤 격려의 말도 없었다. 그저 듣기만 했다. 방 안의 공기는 바위처럼 무거워졌다. 친구가 느끼는 당혹감이 납덩이처럼 나를 눌렀다. 결국 나는 녹음기를 껐다. "음, 그저 아이디어일 뿐이야." 나는 어색하게 말했다. 그날 내가 얼마나 풀이 죽었는지 이루 말할 수 없다.

친구의 집을 나설 때 전에는 없었던 온갖 의심과 두려움이 내 마음에 휘몰아쳤다. '만약?'과 '어쩌지?'가 밀려들었다. '만약 웃음거리가 되면 어쩌지?' '내가 안이하게 생각했던 걸까?' '마땅한 깜냥도 없이 덤빈 걸까?' '만약 시도했는데 청중의 반응이 정확히 친구의 반응과 같다면?' 집에 도착할 쯤에서야 비로소 정신이 들었다. 나는 친구가 내 꿈을 망치게 놔두고 있었다. 이것은 나의 꿈이었다! 이 아이디어가 떠오른 순간, 나는 흥분되고 신이 나 심장이 뛰기 시작했다. 나는 이것이 내 목적이라는 것을 알았다. 내 마음에 불이 들어온 것은 그때였다. '나는 이걸 할 수 있어. 남들이 어떻게 생각하든 상관없어. 이건 내 거야!'

그때의 경험 한 번으로 마음이 꺾였다면, 나는 내 인생 목적을 잃어버리고 머릿속에 장기적인 비전만 쌓으며 완전히 잘못된 방향으로 가게 됐을 것이다. 그러나 내심 내가 잘못 가고 있다는 것을 느낄 것이고, 결국에는 스스로 불행하다는 생각이 든 나머지 그 아이디어를 다시 꺼내 들고 제대로 된 경로, 즉 나의 경로를 찾았을 것이다. 나는 그렇게 믿는다.

삶이 나를 위해 준비해둔 것을 내가 영영 잃을 뻔했다고 생각하면 지금도 등골이 오싹해진다. 나는 매일 사람들이 친구나 가족의 부정적인 반응이나 지적 때문에 자신의 꿈을 내던지는 것을 본다. 목적을 가지고 항해하지 않으면 항로를 이탈하고야 만다. 육지가 어디 있는지 모르고 대양 한가운데로 조각배를 저어가는 셈이다. 일단 맞는 목적을 가지면 비전을 쉽게 개발하게 되고, 그러면 당신이 욕망하는 것을 실현해줄 구체적 목표가 보인다.

캐럴과 댄 게이츠는 내 비즈니스 파트너다. 우리는 함께 밥 프록터 코칭 프로그램을 운영한다. 우리는 수년간 전 세계 사람들에게 이 점을 일깨우는 데 노력했다. 사람들이 삶의 목적을 발견하고, 삶의 모든 영역에 의미를 더할 수 있게 도왔다. 삶의 목적을 찾는 데 어려움을 겪고 있다면 망설이지 말고 도움을 구하기를 바란다.

자신의 목적을 찾았다면, 그것을 어떻게 표출해야 할까? 비전의 창조와 유지가 핵심이다. 비전은 삶의 운영 방침을 말하며, 삶의 목적을 실현하기 위한 전략이기도 하다. 이 전략을 완수하려면 단기 목표들을 세워 경로를 유지해야 한다. 이 과정을 등산에 비유하면 이해하기 쉽다. 삶의 목적은 산의 정상에 오르는 것이다. 비전은 등반 경로나 지도와 같다. 비전은 가야 할 방향과 통과해야 할 지형을 보여준다. 목표는 정상에 이르기 위한 각각의 단계다. 다음 구간으로 올라서기 위한 목표들을 설정해야 한다. 그다음에는 멈춰 서서 자신의 지도를 다시 본다.

당신의 목적은 정상에 오르는 것이다. 지도는 당신이 맞는 방향으로 가고 있는지 보여준다. 방향이 맞는다면 더 높이 올라가기 위한 몇 단계 목표를 설정할 수 있다. 이 과정은 위대한 일을 이루게 해주고, 당신이 목적과 무관한 시도를 하며 배회하는 것을 막아준다. 또한 좀처럼 진도가 나가지 않는 지점에 이르렀을 때 한 걸음 물러서서 목적에 다시 초점을 맞추게 해준다. 경로를 이탈했는지 점검하게 해주고, 경로 이탈 시 상황을 신속히 바로잡게 해준다.

시작 전부터 모든 단계가 선명하게 보여야 한다고 생각하지 말자. 그럴 리는 없다. 목적을 향한 분투는 짙은 안개 속을 운전하는 것과 비슷하다. 1미터 앞을 내다보기 어렵지만, 자신이 어디로 가고 있는지 아는 한 한 걸음씩 여정을 완성할 수 있다.

대부분은 이 지점에서 내 말을 막고, 자신은 이미 다 시도해 봤다고 말한다. 내가 제시한 대로 다 해봤지만, 자신이 원하는 것의 근처에도 가지 못했다고 한다. 그들은 삶의 목적을 정의했고, 새로운 삶을 구상했다. 부유한 마음을 만들기 위해 할 수 있는 것을 다 했다. 하지만 아무 일도 일어나지 않았다. 그들은 애쓰다 지쳤고 결국 포기했다. 무엇이 문제였을까?

많은 사람이 아직 베이스캠프에도 가지 못했는데 정상에 오르려고 한다. 그들은 원하는 것에 초점을 맞추고 결과를 시각화했지만, 그곳에 도달하기 위해 실제로 해야 할 일들을 하지 않는다. 그들은 산을 오르는 데 필요한 작은 목표와 단계를 설정하지 않았다. 애초에 어디에 어떤 목표를 세울지 기준이 될 만한 비전이나 계획도 만들지 않았다. 아마 등산 장비와 침낭도 사지 않았을 것이다! 그들은 단지 보상을 원한다. 등반에 요구되는 조치를 취하지 않고 당장 산 정상에 서고 싶어 한다.

지금쯤 당신은 그래서는 될 일이 없다는 것을 알 것이다. 정상에 이르기 위해서는 기꺼이 경사면을 올라야 한다. 지름길은 없다. 설사 계획을 세웠어도 세워만 놓고 들여다보지도 어떤 노력도 기울이지도 않고 모든 것이 저절로 일어나줄 것으로 기대한다면 그것은 망상이다. 비전을 실현하는 일에 매일 직접적으로 개입해야 한다.

계획의 진척이 너무 더뎌서 좌절감을 토로하는 사람이 많다. 그러면 나는 그들에게 물어본다. "목표와 직접적으로 관련된 일에 쓴 시간이 그 주에 몇 시간이나 되나요?" 한 시간, 다섯 시간, 혹은 열 시간이라는 답이 돌아온다. 일주일은 168시간이다. 하루 수면 시간을 여덟 시간이라고 하면, 112시간은 맨정신으로 활동하는 시간이다. 이 중 10퍼센트, 아니 20퍼센트도 목표에 쓰고 있지 않다면 일의 진척이 굼벵이처럼 느려도 할 말이 없다! 당신의 꿈이 당신의 삶에 끼어들 시간을 마련하지 않는다면, 꿈은 영원히 당신의 삶이 되지 않는다. 삶의 우선순위를 재검토하고 재정비해서 당신에게 중요한 것에 더 많은 시간을 할애해야 한다.

사람들이 자주 하는 또 다른 실수는 비전에 목표와 단계를 짜 넣을 때 세부적인 것에 너무 연연해서 좀처럼 단계를 벗어나지 못하는 것이다. 이런 일이 빈번하게 발생한다. 사람들은 계획에 대해 말은 거창하게 하면서 정작 그것을 실행하지는 않는다. 그들은 더 세세하게, 더 확실하게 계획을 짜느라 세월 가는 줄 모른다. 이를 '분석 마비'라고 한다. 그들은 미래를 설계하고, 재단하고, 색칠하는 데 사로잡혀서 실제로는 아무것도 하지 않는다. 이는 실행이 두려워서 숨는 것과 같다. 계획이 완벽할 필요는 없다. 기본적인 발상이 준비됐으면 바로 움직이자.

마지막으로, 당신이 끝내주게 멋진 여정을 시작하고 있다는 사실을 잊지 말기를 당부한다. 산 정상에 오르는 것만이 다는 아니다. 등산을 즐기는 것도 중요하다. 내가 앞서 했던 말을 기억하는가? 부는 성장과 순환의 여정이다. 한 번 축적하고 끝나는 게 아니다. 당신만의 경로를 따라 여행하는 동안, 당신의 삶에 형언하기 힘든 기쁨을 더해줄 멋진 사람들과 만나게 될 것이다. 너무 조급해하지 말고 그들과 우정을 나누고 관계를 쌓으며 삶의 질을 높이는 데도 시간을 투자하자.

옳고 그른 길을
판단하는 법

✤

목적과 비전을 혼동하지 말자. 다시 등반을 예로 들어보자면, 당신의 목적은 산 정상에 도달하는 것이다. 그 목적은 어떤 식으로든 변하지 않는다. 하지만 그 산에는 지금 당신이 선택한 경로 외에도 등정 경로가 많다.

목적을 향해 나아갔다고 생각했는데, 무슨 이유에선지 되는 일도 없고 정상에 가까워지지도 않는다고 말하는 사람들이 많다. 이때 그들은 자신이 선택한 경로가 아니라 목적 자체가 잘못됐다는 섣부른 판단을 내린다. 하지만 대개 목적에는 이상이 없다. 손봐야 할 것은 경로, 즉 비전이다.

수정해야 하는 것이 비전인지 목적인지 신속히 알아볼 수 있는 방법이 있다. 다음 질문을 던져보자.

✢ 나는 나의 진심에 따랐고, 나 자신에게 충실했는가?
✢ 부정적인 생각이나 남들의 견해가 내게 영향을 미치는 것을 막았는가?
✢ 나만의 고유한 재능이 내게 흥분과 의욕을 주는가?

이에 대한 답이 모두 '그렇다'라면, 당신은 삶의 목적을 찾은 것이다. 이제 당신이 주의를 기울이고 집중해야 하는 것은 비전이다. 꿈을 이루기 위한 다른 경로를 찾는 데 힘써야 한다.

내 친구가 겪은 일이 좋은 예가 될 것이다. 어느 날, 내 친구는 비행기로 플로리다주 포트로더데일에 도착해서 차를 렌트한 다음 웨스트 팜비치로 달렸다. 학회에 참석하기 위해서였다. 친구는 인터넷에서 뽑아온 지도를 들고 자신 있게 출발했다. 그는 고속도로를 탔고, 학회가 열리는 호텔로 향했다. 그리고 그곳에서 기다리고 있는 나에게 전화해서 지금 가는 중이며 20분 정도면 도착할 거라고 했다. 나는 그가 도착하기를 기다렸다.

내 친구는 지도를 흘깃 보았고, 목적지인 애틀랜틱가街로 빠지는 곳에 이르렀음을 알았다. 그는 고속도로에서 벗어나 해변으로 차를 몰았다. 그런데 어떤 호텔도 보이지 않았다. 주위를 둘러봤지만, 여전히 호텔을 찾을 수 없었다. 플로리다의 이 지역에 가본 사람이라면 알겠지만, 해안에 있는 거의 모든 타운에 '애틀랜틱'이라는 이름의 길이 있다. 불행히도 내 친구는 이를 몰랐고, 도로에 처음 보인 '애틀랜틱'으로 아무 의심 없이 들어섰던 것이다. 결국 내 친구는 무려 한 시간을 헤맨 뒤에 해안을 끼고 달리는 1번 고속도로로 나왔고, 목적지인 호텔로 향할 수 있었다.

이 이야기의 요점은 그가 목적지를 바꾸지 않았다는 것이다. 그가 택한 경로와 그가 도착하는 데 걸린 시간에는 변화가 있었지만, 그는 어쨌든 목적지에 도착했다. 지금의 계획이 제대로 작동하지 않아도 목적지, 즉 삶의 목적에 도달하겠다는 결의는 유지해야 한다. 만약 친구가 내게 전화해서 "저기, 밥, 플로리다 해안까지 왔는데 그 호텔이 없더라고. 그래서 그냥 집으로 돌아왔어"라고 말한다면 얼마나 어이없겠는가? 인생도 마찬가지다. 길을 잘못 들었다는 생각이 들었다 해서 즉시 꿈을 포기하는 것은 말이 안 된다.

이때 주목해야 할 것은 잘못된 방향으로 갈 때 경보를 울리는 방향 표지다. 찾는 호텔이 없는 것처럼 확연한 표지도 있지만 그렇지 않은 표지도 많다. 하지만 분명히 크고 작은 표지가 있다. 목적을 향한 경로에서 벗어났거나 비전이 불분명하면 자신감 저하와 의욕 부진을 겪는다. 이는 당신이 목적을 둔 방향으로 전진하고 있지 않다는 분명한 표지다. 당신의 직관이 당신에게 무언가가 잘못됐다고 소리를 지르고 있는 것이다. 이때 '이 길이 아니구나'라고 알아차려야 한다.

꿈을 추구하는 중에 난관을 만나는 것과 저항에 걸리는 것에는 차이가 있다. 저항이 일어나면 오래된 믿음이 일시적으로 살아나 당신이 잘못된 길에 있다고 주장한다. 오래된 믿음은 당신이 옳은 길에 있다면 이렇게 어려울 리 없다고 목소리를 높인다. 그 목소리는 그것 보라면서, 애초에 자기 말을 들었다면 당신이 이렇게 곤경에 처하지도 않았을 거라고 끝없이 떠들어댄다. 저항은 성가시긴 해도 부정적이진 않다. 직관이 이 차이를 알려준다. 만약 당신이 잘못된 경로에 들어섰다면 당신의 직관이 부정적인 정서와 느낌을 일으켜서 당신에게 발을 헛딛었거나 잘못된 모퉁이를 돌았다는 신호를 보낸다.

목적을 추구할 때 당신이 가진 비전이 길잡이가 되어 당신이 진정으로 원하는 선善으로 인도한다. 진동의 법칙과 끌어당김의 법칙에 따라 당신은 당신이 원하는 방향으로 움직일 것이다. 자신이 하는 일에 대해 좋은 느낌이 느껴진다면, 그 느낌을 믿고 목표 달성을 위해 부단히 저항을 돌파해나가야 한다.

스스로에게 하는
거짓말을 경계하라

✛

목적에 집중하는 것은 어렵다. 생활에 매일 진을 빼는 일이 있기 때문이다. 그 일은 당신의 목적이 아니면서도 당신의 시간을 잡아먹는다. 당신은 적자 인생만 아니면 자신이 옳은 경로에 있다고 믿는다.

하지만 다시 생각해보자. 단지 직장이 있고 공과금을 제때 낸다고 해서 진정한 목적을 찾았다는 뜻은 아니다. 그런데도 당장의 생활이 당신의 진전을 막는다. 당신이 시간과 재능을 더 보람 있고 유효하게 쓰려는 것을 막거나 지연시킨다.

앞서 말했듯 어떤 사람들은 현재의 처지를 갑갑해하면서도 거기서 벗어날 조치를 취하기를 두려워하거나 꺼린다. 자신의 목적을 따랐을 때 본인과 가족을 무사히 부양할 수 있을지 확신하지 못해서다. 설상가상 우리는 저질러놓고 후회하는 것보다 처음부터 조심하는 것이 낫다고 믿도록 배워왔다. 이래저래 현상 극복은 매우 힘든 일이다.

하지만 부의 창출에 있어서는 조심이 후회를 부른다. 삶의 끝에 이른 자신을 그려보라. 안전한 여행을 했으니 행복할까? 시도하기 두려워서 영영 하지 않았던 일들이 후회스럽지 않을까? 끝내 조각배에 올라타지 않는다면 당신은 평생 그 너머를 궁금해하다가 인생을 마치게 될 것이다. 만약 당신이 기회를 잡고 당신의 미래를 개척했다면 어떻게 되었을까?

물론 이렇게 생각할 수 있다. "남들에게는 좋은 생각일지 모르지. 하지만 내 배는 이미 여기 있어. 나는 이걸 타고 안전한 곳으로 가면 돼. 어떻게 육지에 닿을지 걱정하지 않아도 돼. 내가 왜 위험을 무릅쓰고 저 작은 배에 올라 바다로 나가야 하지? 단지 저 너머에 더 나은 것이 있을지 알아보기 위해서?"

실제로 당신에게는 현재 고소득의 번듯한 직장이 있을 수도 있다. 하지만 자신이 아닌 남을 위해 일하고, 자기 시간을 남의 돈과 바꿀 때마다 소모품이 되는 위험을 무릅쓰는 것과 같다. 우리는 매일 정리해고와 명예퇴직에 대해 듣는다. 회사에 평생을 헌신한 대가는 결국 퇴직금 몇 푼뿐인 경우가 많다. 오늘 당신의 급여가 입금되었다고 해서 그것이 1년 후, 다음 달, 심지어 내일의 입금을 보장하지는 않는다. 우리에게는 아직도 기업이 평생직장을 제공한다는 인식이 있다. 하지만 이는 현실과는 거리가 먼 인식이다.

《뉴욕타임스》에서 발표한 여론조사에 따르면 1980년 이후 미국 가구의 34퍼센트가 한 번 이상의 해고를 경험했다. 또한 해고를 직접 경험하지 않은 사람 중 거의 60퍼센트에게 해고당했던 친구나 가족이 있었다. 이 수치가 기업의 고용 안정성에 대해 말하는 바는 무엇일까? 평생직장이라는 것은 있지도, 있었던 적도 없다는 뜻이다.

그런데도 많은 사람이 자기 사업을 시작하거나 직장을 그만두는 것을 두려워한다. 나는 이것이 앞서 언급한 비행 공포와 매우 비슷하다고 생각한다. 사람들은 자기 삶에서 독자적으로 부를 창출할 책임을 지는 두려움 때문에 기업가 정신이나 사업을 하는 것에 대한 비합리적이고 부정확한 견해를 만들어낸다. 그러나 부유한 사람들은 그것이 전부 거짓임을 안다. 그들은 자신의 재정 상태가 남에게 예속되어 있는 것이 독자적이고 자립적인 소득원을 가진 것에 비해 훨씬 위험하다는 것을 잘 안다.

앞뒤 가리지 말고 절벽에서 뛰어내리라는 말은 아니다. 나는 자신의 진정한 목적을 깨닫는 즉시 하던 일을 모두 멈추고, 회사를 그만두고, 새로운 인생을 향한 경로에 뛰어드는 사람들을 보았다. 그들의 진취적인 정신은 높이 평가하지만, 그것은 내가 권유하는 바가 아니다.

삶의 기본 니즈모든 생활자에게 공통된 생리적, 신체적 욕구. 이것이 충족되면 욕구 수준이 개인에 따라 특정화된 욕구인 원츠로 올라간다-옮긴이가 해결되지 않으면 자기 목적을 추구할 수도, 정말로 원하는 것에 집중할 수도 없다. 지난 세월 나는 인생 계획 수립에 더 많은 시간과 에너지를 쏟고 싶다며 하던 일을 그만두는 사람들을 많이 보았다. 그렇게 몇 주가 지나면 그들은 기본 니즈를 충족하기가 어려워지는 것을 깨닫고 이내 '먹고사는 문제'를 걱정하기 시작한다. 끌어당김의 법칙을 기억하자. 걱정은 재앙을 부른다.

명심하자. 먼저 기본 니즈가 충족되어야 자유가 생긴다. 적시 적소에 필요한 조처를 할 여유가 있어야 강박감이나 절박감을 느끼지 않을 수 있다. 이 자유를 즐길 수 있을 때 걱정과 두려움에서 벗어날 수 있다. 걱정과 두려움은 창의성을 앗아간다. 니즈가 충족된다면 지겨운 삶에서 탈출할 궁리에 밤잠을 설치지 않아도 된다. 때가 오면 이루어진다는 확신을 가지게 될 테니 말이다. 지금의 주업은 당신의 인생 계획이 전면 시행될 때까지만 니즈 충족을 위해, 즉 생활 유지를 위해 한시적으로 하는 일이다. 그렇게 생각한다면 매일의 출근이 훨씬 수월해질 것이다.

내 삶에
중요한 것들만 남기라

✤

때가 왔다는 판단이 들 때 반드시 해야 할 일이 있다. 극적인 행동을 취하기에 앞서 자신의 진정한 니즈는 무엇인지 진중히 들여다보아야 한다. 먼저 집세를 내고, 식료품을 사고, 전기와 수도가 끊어지지 않게 해야 한다. 내가 지금 말하는 것은 생활에 필수적인 것들이다. 해외 여행을 떠나거나 계절에 맞춰 새 옷을 사는 것은 있으면 좋겠지만 필수는 아니다. 기본 의식주만 목록에 올리고 합산해보자.

생활에 꼭 필요한 돈을 계산했으면 몇 시간 또는 하루 정도 묵혔다가 재평가해보자. 거기서 더 덜어낼 것은 없는가? 휴대전화 요금제를 더 싼 것으로 바꿀 수는 없나? 헬스클럽 회원권을 사는 대신 집에 러닝머신을 두는 것이 돈이 적게 들지 않을까? 대부분 니즈 목록을 처음 만들 때, 니즈가 아닌 불필요한 욕구 몇 가지가 슬그머니 목록에 끼어드는 경향이 있다. 그러니 당신의 삶에 실제 가치를 더하지 않는 것들을 계속 덜어내자. 당신에게 필요한 것과 포기할 수 있는 것을 아는 사람은 당신 자신뿐이다.

기본 니즈를 해결할 최종 금액이 나왔으면, 기본 니즈를 창의적으로 해결할 방법을 모색할 시간이다. 앞서 설명했던 100만 달러를 버는 방법을 떠올려보자. 100만 달러를 잘게 쪼개 달성할 수 있는 금액을 계산했다. 여기에도 같은 방법을 적용한다. 다만 이번에는 시작 금액이 훨씬 적다. 당신이 계산한 기본 니즈 해결 비용이 한 달에 4000달러라고 치자. 사람에 따라서,

특히 일인 가구인 경우 이 금액은 더 낮을 수 있다. 어쨌든 이 금액을 4.3으로 나누면 주당 비용 930달러가 나온다. 이는 하루에 133달러에 해당한다. 이렇게 주당과 일당 최저 비용이 얼마인지 알았다. 이제는 필요한 금액을 버는 동시에 부의 창출에 쓸 시간을 더 많이 확보하는 방법을 떠올려 목록을 만들 차례다.

지금 당신에게 무슨 생각이 드는지 잘 안다. '대체 어떻게?' 당신의 오래된 믿음이 만들어내는 온갖 이유와 변명이 지금 이 순간 당신의 마음을 융단 폭격하고 있을 것이다. 걱정하지 말자. 그런 생각이 드는 것이 정상이다. 하지만 당장은 그 부정적인 생각을 접어두고, 실제 사례를 한 가지 살펴보자.

내가 아는 어느 부부의 이야기다. 이들을 마이크와 태미라고 부르겠다. 두 사람은 직장을 그만두고 좋아하는 일을 하고 싶었다. 바로 암에 걸린 아이들을 위한 캠프를 운영하는 것이었다. 마이크는 건설업에 종사하고 있었고, 태미는 간호사였다. 두 사람은 함께 비용을 계산하고, 어떤 지출을 줄일 수 있을지 결정했다. 하지만 지출을 줄이기란 쉽지 않았다. 어린 자녀가 넷이나 있었고, 살림은 매우 빠듯했다. 그들은 목록을 검토하고 또 검토했지만 겨우 전체 경비의 10~15퍼센트만 덜어낼 수 있었다. 실망스러운 결과였다. 둘 중 누구라도 직장을 그만두면 수지를 맞출 방법이 없었다.

이는 흔하게 발생하는 일이다. 어쩌면 당신의 현재 상황도 이와 다르지 않을 것이다. 많은 사람이 소득 수준에 맞추어 생활양식을 확장한다. 이것이 당신이 현실에 갇히고 직장에 매인 기분을 느끼며 사는 이유이기도 하다. 지금 버는 돈으로는 형편을 유지하기가 너무 빠듯하기 때문에 좀처럼 직장을 그만둘 엄두를 내지 못한다. 하지만 방법은 있다.

마이크와 태미는 소득을 최대한 유지하면서 여가를 더 확보할 방법을 찾기로 했다. 간호사인 태미는 월요일부터 금요일까지 여덟 시부터 다섯 시까지 근무하는 것에서 금요일부터 일요일까지 12시간 교대 근무를 세 번 하는 것으로 일정을 바꿨다. 주말 근무가 평일 근무보다 급여가 더 높았기 때문에 그렇게 해도 버는 금액은 거의 같았다. 이는 그가 매주 나흘은 인생 계획에 쓸 수 있다는 뜻이었다.

건설 현장 감독인 마이크는 태미보다 일하는 시간이 길었고, 근무 시간을 조정하기도 쉽지 않았다. 하지만 계산해본 결과, 약간의 임금 감소를 감수하고 일반 건설 노동자로 돌아가면 근무 시간을 줄이면서 주말 근무도 피할 수 있었다. 그는 상사에게 말해서 월요일부터 목요일까지 10시간 교대 근무를 네 번 하는 쪽으로 가닥을 잡았다. 그렇게 하면 태미가 근무하는 날 마이크가 집에서 아이들을 돌볼 수 있었다. 사실 이 일정에는 일석이조의 효과가 있었다. 전에는 자녀 둘을 어린이집에 보내야 했는데 이제 그 비용이 통째로 굳은 덕분에 매달 필요한 생활비가 상당히 줄었다.

여기서 마이크의 선택을 눈여겨볼 필요가 있다. 자신의 현재 위치에서 한 걸음도 물러설 생각이 없는 사람이 많다. 왜 그럴까? 오래된 믿음 때문이다. 이런 사람들은 마이크의 계획을 두고 퇴보라고 말할 것이다. 지금의 자리에 오르기 위해 그 고생을 했는데 왜 포기하느냐는 것이다. 하지만 한번 생각해보자. 당신이 겪은 고생이 당신이 원하는 인생을 가져다주지 못했다면, 남 보기 좋은 직함이나 직장이 무슨 소용이 있을까? 허울뿐인 명예욕이나 자존심에 휘둘려서 자신의 인생 목적에 가까워지지 못하는 실수를 범하지 말자. 연봉이나 직위에서 한 발 물러나는 것이 꿈을 이룰 시간을 버는 기회가 될 때가 많다. 그것이 더 가치 있지 않을까?

마이크와 태미는 각자의 직장에서 열심히 일하는 한편 남는 시간에는 수동 소득을 창출할 방법을 찾았다. 자금을 모아야 했다. 마이크는 자신의 지식을 이용해 압류 주택을 찾아서 수리한 다음 세를 놓았다. 직접 할 수 있는 일이었기 때문에 비용이 많이 들지 않았고, 그가 임대한 집들은 들어간 비용을 뽑고도 남을 수입을 창출했다.

마이크의 부업으로 수입이 늘자 태미는 병원 근무 시간을 더 줄여나갔다. 그는 그렇게 확보한 시간을 어린이 암 환자에 대한 책을 쓰는 데 바쳤다. 간호사로서 태미는 수년간 여러 어린이 암 환자를 접했고 풍부한 경험을 축적했다. 태미는 그 경험에서 얻은 통찰과 조언을 책에 담아 자비로 인쇄했다. 그리고 지역 병원과 소아청소년과 전문의들에게 책을 구입해서 환자 부모들에게 보급해달라고 부탁했다. 이는 그의 재능에 맞는 일이었고, 나아가 암을 앓는 어린이들을 위한 여름 캠프를 설립한다는 목적에 가까이 다가가는 일이었다.

마이크와 태미가 창출한 추가 수입은 단기간에 그들의 니즈를 완전히 충족했다. 얼마 뒤 그들은 둘 다 직장을 그만두고 암에 걸린 어린이들을 위한 캠프를 설립할 수 있었다.

이들의 이야기는 수많은 사례 중 하나에 불과하다. **이는 열정과 진심을 가지고 그 과정에서 남들은 하려 하지 않는 일을 감수**

할 의지가 있다면 목적은 반드시 실현된다는 것을 생생히 보여준다. 기회는 많다. 모든 가능성에 마음을 열고 당신이 원하는 것을 위해 일하자.

희생은 상실이 아니다

✤

당신은 꿈을 이루기 위해 무엇을 희생하고 감수할 수 있는가? 삶의 목적을 깨닫는 것은 쉬울지 몰라도 그것을 달성하는 데에는 희생이 따른다. 자신의 꿈에 우선순위를 두지 않거나 거기에 헌신할 시간을 만들어내지 않는데도 꿈이 저절로 이루어지는 법은 없다. '희생'이라는 단어를 부정적으로, 무언가를 잃는다는 의미로 보는 것 또한 잘못된 통념이다. 적어도 여기서는 상실의 개념이 아니다. 자신의 삶을 격상하기 위해 무언가를 희생하기로 선택했다는 것은, 더 격이 높은 것이 차지할 자리를 만들기 위해 격이 낮은 것을 포기한다는 뜻일 뿐이다. 베이스캠프를 벗어나지 않고 정상에 오를 수는 없지 않은가?

꿈을 이루기 위해서, 매일 좋아하는 것을 하며 살기 위해서 당신이 희생할 수 있는 것을 생각해보자. 생존에 중요하지 않은 것부터 포기하기를 제안한다. 이를테면 케이블 TV 시청료 같은 것. 이런 것은 없어도 사는 데 지장이 없다. 그다음에는 삶의 목적 달성에 관여하지 않는 일들을 없애나갈 것을 권한다. 이를테면 시간만 잡아먹는 동호회 활동 같은 것 말이다. 이따금 모임에 빠진다고 해서 당신이나 주변 사람들에게 큰 영향을 주지 않을 것이다.

부유한 삶을 일구는 일에 보다 많은 시간을 할애하려면 즐기던 취미나 소일거리를 포기해야 할 수도 있다. 때로는 일시적인 자금난을 감수할 각오도 필요하다. 또 때로는 일주일에 하루 이틀은 저녁 시간을 기꺼이 투자해서 목표 달성에 필요한 교육이나 연수, 자격증 취득에 힘써야 한다.

야망은 욕망의 표출이다. 야망은 당신을 A지점에서 B지점으로 이동시키는 연료다. 불행히도 어떤 이들은 야망을 더러운 말로 취급하고 탐욕과 동일시한다. 이는 전적인 오류다. 당신은 다른 누구와도 경쟁하고 있지 않다. 부는 우리 모두에게 무한정 공급되니까. 당신이 자신이 가진 부를 더 많은 부를 창출하기 위해 사용한다면 그것은 부의 정체가 아니라 순환이며, 결과적으로 더 많은 부가 당신에게 오게 된다.

투쟁이 있다면 당신 안의 제약적 믿음과의 갈등뿐이다. 꿈을 위해서는 낡은 믿음과 싸울 준비가 되어 있어야 한다. 집중력을 발휘하고 원대한 결과를 기대해야 한다. 기대 없는 욕망은 희망 사항에 불과하다. **당신이 신념을 유지하고 목적에 집중하는 한, 당신을 그곳에 데려다줄 비전과 목표들이 당신 앞에 징검다리처럼 놓일 것이다.**

부의 마인드셋을 기르는 법칙

❹

✤ 삶의 목적이 곧 삶의 이유임을 이해하라.

✤ 비전은 전략이다.

✤ 목표는 나를 그곳에 이르게 하는 구체적인
단계들이다.

✤ 나의 목적이 나의 내적 안내 시스템이다.

✤ 변화를 두려워하지 말라.

✤ 과거에 살지 말라. 남들이 내 꿈을 파괴하도록
방관하지 말라.

✤ 매일 내 꿈에 직접 개입해야 한다.

✤ 내 꿈에 우선순위를 두지 않으면 꿈이 삶이 되는
일은 일어나지 않는다.

※

할 수 있다고 믿는 사람은 모든 걸 할 수 있다.

여전히 매일 두려움에 사로잡혀 있는가?

그렇다면 당신은 인생의 맨 처음 교훈을

아직 깨닫지 못한 것이다.

—

랠프 월도 에머슨

· 5장 ·

시간 관리라는
환상에서 벗어나라

요즘 시간 관리에 대한 관심이 높아졌다. 모두가 어떻게 하면 이미 빡빡한 일정에 더 많은 일을 욱여넣을 수 있을지 알고자 한다. 하지만 세상에 '시간 관리'라는 개념은 없다. 시간은 절대 변하지 않는 정적인 힘이다. 시간을 더 만들어낼 방법은 없다. 우리가 할 수 있는 유일한 일이 있다면 활동에 우선순위를 정해서 가장 중요한 것을 성취하는 것이다.

의미론적 차이에 불과하다고 생각할 수 있다. 하지만 여기에는 중요한 차이가 있다. 흔히 말하는 시간 관리는 할 일을 주어진 일정에 최대한 깔끔하게 정리해 넣는 것이다. 반면 우선순위 설정은 정말로 중요한 과제에만 집중하고 나머지는 줄이거나 없애는 것을 말한다.

자주 사용되는 또 다른 용어가 '예산 편성'이다. 많은 사람이 예산 편성이란 자금을 효율적으로 사용하기 위해 씀씀이를 조정하는 것이라 여긴다. 하지만 진정한 예산 책정은 중요한 일에 자금을 우선 사용하고 중요하지 않은 지출은 제거하는 것이다. 앞서 제시한 경비 절감 연습이 좋은 예다. 눈치챘을지 모르겠지만, 앞 장에서 나는 '예산'이라는 단어를 한 번도 사용하지 않았다. 그때 우리가 한 일은 목표 달성에 꼭 필요한 일에 우선순위를 두는 것이었기 때문이다. 흔히 말하는 예산 편성은 예산 재배치에 불과하다. 나는 사람들이 '시간 관리'나 '예산 편성' 같은 용어를 사용함으로써 자신이 무언가를 하고 있다는 기분을 느끼려 한다고 생각한다.

우선순위를 정한다는 것은 자신이 관여하는 각 활동이 얼마나 가치 있는지 따져서 선택과 집중을 하는 것이다. 작은 실험을 하나 제안한다. 지금 자신의 삶을 돌아보고, 자신이 관여하고 있는 활동들을 짚어보자. 그다음 자신이 성취하고 싶은 것이 무엇인지 생각해보자. 분명히 당신에게는 매주 한두 시간은 새는 시간이 있을 것이다. 그 시간을 모아 당신의 목표에 투자할 수 있다. 많은 시간은 아니어도 의미는 크다.

이번에는 당신이 병원에서 살날이 1년뿐이라는 시한부 판정을 받았다고 상상해보자. 당신의 우선순위는 어떻게 변할까? 일주일에 고작 몇 시간만 꿈을 이루는 데 할애하고 나머지는 허송세월하며 보내게 될까? 아무 낙도 득도 없는 직장에서 승진하려고 여전히 야근하고 잔업을 하게 될까? 은퇴를 대비해 저축을 하게 될까? 내년 여름에 여행 갈 계획을 세우면서 계획대로 되면 다행이고 아니어도 할 수 없다고 생각할까? 오늘 밤도 멍하니 TV 앞에서 시간을 보내게 될까?

시간이 무한정이라고 생각하면 시간을 낭비하기 쉽다. 하지만 그 인식을 바꾸면 시간은 더할 수 없이 귀해진다. 요점은 시간은 항상 귀하다는 것이다. 마흔까지 살든 아흔까지 살든 시간이 한정적이라는 사실에는 변함이 없다. 시간은 절대 충분하지 않다. 그래서 우선순위를 정하는 것이 무엇보다 중요하다. 아무 성취 없이 그저 분주하고 번다하게 인생이 지나가기를 원하는 사람은 없다.

우선순위 설정을 위해 먼저 삶의 모든 활동을 시간 관점에서 따져볼 줄 알아야 한다. 사람들은 심지어 돈벌이도 시간과 결부 지어 생각하지 않는 경우가 많다. 하지만 돈과 시간에는 불가분의 관계가 있다.

우리 중 다수가 '거래'라는 개념에 골몰한다. 우리는 뭐가 됐든 최저가로 얻고 싶어 한다. 가진 돈을 최대한 효율적으로 쓰기 위해서는 응당 그래야 한다고 믿는다. 이때 우리가 놓치는 것이 있다. 최저가에 맞춰진 마인드셋은 거기에 드는 시간을 간과한다. 예를 들어보자. 휘발윳값 10센트를 아끼려고 멀리 있는 주유소까지 간 적은 없는가? 미심쩍은 수수료 2달러에 대해 항의하려고 카드사에 전화했다가 10분 넘게 통화 대기에 걸렸던 적은? 최저가 항공편을 찾느라 몇 시간이나 인터넷 검색을 한 적은? 당신은 합리적인 소비자라면 누구나 최저가를 찾아 돈을 쓴다고 논박할지 모른다. 하지만 시간과 결부 지어 생각해보자. 당신의 차에는 휘발유 20갤런이 들어가고, 당신은 갤런 당 0.1달러를 아끼려고 30분을 걸려 도시 반대편 주유소로 간다. 그렇게 해서 당신은 2달러를 절약했다. 그런데 만약 누군가 당신에게 당신의 시간을 쓰는 대가로 시간당 4달러를 지불하겠다고 하면, 모욕감에 화가 나지 않을까? 하지만 그것이 방금 당신이 자신의 시간에 붙인 가격표다.

만약 2달러를 돌려받으려고 카드사에 전화해서 10분을 기다린다면, 당신의 가치는 시간당 12달러다. 만약 항공요금 30달러를 아끼려고 세 시간을 인터넷 검색에 썼다면 당신의 가치는 시간당 10달러다. 여기서 끝이 아니다. 당신은 자신의 시간을 터무니없이 평가절하하고 있을 뿐 아니라 기회비용까지 지불하고 있다. 같은 시간을 더 유용한 데 쓰지 못해 발생하는 손해도 감수하고 있다는 말이다. 시간이 없어서 수동 소득을 창출할 아이디어를 시행하지 못했거나 시행을 미루었을 때 생기는 손해를 생각해보라.

예컨대 육아에 관한 뉴스레터와 정보를 구독자에게 시의적절하게 제공하는 웹사이트를 만들어 수입을 창출하겠다는 멋진 아이디어가 있다고 하자. 당신은 이 아이디어를 실행에 옮기고 싶지만 너무 바빠 시간을 내지 못한다. 그래서 여유가 생길 때까지 기다리면서 1년이 지나고 2년이 지난다. 그러다 마침내 당신은 일을 추진하고, 웹사이트는 성장을 거듭해 이듬해부터는 구독료와 광고 수익으로 매월 5000달러를 벌어들인다.

지난 2년간 당신은 무엇을 하느라 이 수익을 벌어들이지 못했을까? 우리는 동료들과 어울리고, 전화로 수다 떨고, TV를 보고, 친구들과 메시지를 주고받고, 인터넷 서핑을 하느라 바쁘게 산다. 2년 전 당신은 이런 일을 하느라 너무 바빠서 새로운 사업을 시작할 엄두를 내지 못했다. 하지만 그때의 분주함이 무엇을 가져다주었나? 사업을 미룬 탓에 발생한 손해를 덮을 정도로 소중한 일이었나? 시간 효율성을 높이고 헛된 분주함을 제거하면, 현금 흐름이 좋아지고 노력의 결과가 가시적으로 드러난다.

우리가 돈을 절약하려고 하는 활동 대부분은 결핍과 한계의 마인드셋에서 나온다. 당장 몇 푼을 아꼈다는 뿌듯함에 소득 창출에 집중해서 얻을 수 있는 풍요를 놓치게 된다. 기억하기 바란다. 돈은 흐르는 물과 같다. 강 한가운데로 뛰어들어 고작 한 컵만큼의 물만 떠올 이유가 있을까?

또 하나의 지독한 시간 낭비는 '만약 ~하면 어쩌지?'라는 질문을 반복하는 것이다. 사람들은 일어날지 말지 모르는 일을 걱정하며 시간을 보낸다. 돌이킬 수 없는 과거의 일을 마음속에 반복 재생하며 현재를 낭비한다. 내가 좋아하는 마크 트웨인의 말이 있다. "나는 노인이고 이때껏 엄청나게 많은 문제를 염려했지만, 그중 대부분은 일어나지 않았다." 어떻게 될지 모르는 일이나 이미 벌어진 일을 두고 안달복달 속을 태우는 사람에게 해주고 싶은 말이다. 기우는 현실과 무관한 문제로 마음을 채우고 소중한 시간을 낭비하는 일이다.

Bob Proctor

오래 걸린다고
중요한 일은 아니다

✤

흔히 시간이 많이 드는 일을 중요한 일이라고 착각하기 쉽다. 대표적인 게 이메일이다. 우리는 이메일을 정리하고, 읽고, 답하는 데 많은 시간을 쓴다. 당신도 나와 같다면 이메일 처리를 시간과 에너지를 빨아먹는 블랙홀로 생각할 것이다. 하지만 많은 사람이 이메일을 확인하는 데 몹시 집착한다. 이메일 작성에 몇 시간을 쓰고, 쉼 없이 새 메일을 확인한다.

만약 당신이 7일 동안 이메일을 확인할 수 없게 된다면 어떻게 될까? 세상이 끝날까? 천만의 말씀. 문자메시지도 마찬가지다. 당신이 일주일 동안 출장이나 휴가를 떠나는 바람에 바로 답하지 못한다면? 그랬다고 모든 게 끼익 멈출까? 그동안 일생일대의 중요한 연락을 놓치게 될 가능성이 얼마나 될까? 그럴 가능성은 크지 않다. 매일 쏟아지는 메시지 중에서 정말로 중요하거나 긴급한 연락은 극히 드물다. 그런데도 우리는 즉각적 의사소통이라는 관념에 지독하게 얽매여 산다. 우리는 실시간 정보 교환에 목숨 걸지만, 사실 정보의 99퍼센트는 시급하지 않다.

기술 발전이 여러 면에서 살기 편한 세상을 만들었다. 하지만 누구나 언제나 어떤 일로나 연락할 수 있게 되면서 중요하지 않은 일에 수다를 떨면서 엄청난 시간을 허비하게 됐다. 대다수 사업가가 사업이 커지면 가장 먼저 고용하는 직원이 전화 연락, 이메일, 서신을 처리해줄 사무 보조원인 데는 다 이유가 있다. 업무상 소통과 연락은 시간을 엄청나게 잡아먹고, 무시할 수도 없는 일이다. 그러나 이 일은 훨씬 더 생산적인 활동을 포기해야 할 만큼 중요하지는 않다.

기술의 최대 미덕은 일상적이고 반복적인 작업을 자동화하는 데 있다. 나는 사무 자동화 시절을 자주 예로 든다. 언제 적 이야기냐 싶겠지만 내가 나이가 많아 그러니 이해해주길 바란다. 내가 한창 경력을 쌓던 젊은 시절에는 회사마다 비서 군단이 있었다. 비서의 임무는 막중했다. 비서가 아프거나 결근할 때를 대비해 그들을 대신할 대기 인원들이 있을 정도였다. 회사는 이들을 '비서 풀Secretarial Pool'이라고 불렀다. 이런 대규모 인력이 필요할 만큼, 연락과 사무 보조 업무는 과중했다. 비서 업무는 시간이 오래 걸리고 노동 집약적인 일이었다. 휴대용 녹음기가 없을 때라서 상대가 하는 말을 받아 적은 후 타이핑해야 했기 때문에, 비서에게는 속기 능력이 필수였다. 그들이 쓰던 타자기에는 당연히 자동 수정이나 삭제 기능이 없었다. 타이핑을 마친 다음에는 먹지를 이용해 사본을 만들었다.

그때는 문서 한 건을 받아쓰고 타이핑하고 수정하는 데 몇 시간이 걸렸다. 현재 쓰는 프로그램으로는 15분이면 끝날 일이다. 예전에는 시간이 많이 드는 일이었다는 사실이 지금 그 일이 가치 있다는 뜻은 아니다. 내가 말하고자 하는 요점은 이것이다. 기술이 시간 낭비를 초래할 수도 있지만, 다른 한편으로는 주어진 시간에 처리할 수 있는 일의 질과 양을 대폭 높인다. 즉 업무 생산성을 향상하는 기술 진보가 있는가 하면, 시간을 대량으로 소비하게 하는 기술 진보도 있다. 둘을 구분하고 그 차이를 인지할 필요가 있다.

이 문제는 사람들이 내게 자주 묻는 또 다른 문제로 이어진다. 바로 "비즈니스에서 우위를 점하려면 최신 기술을 배워야 할까?"라는 물음이다. 그렇기도 하고, 아니기도 하다. 무엇이 유용한지 알려고 모든 최신 프로그램을 배울 필요는 없다. 하지만 엑셀 같은 프로그램을 능숙하게 다룰 수 있으면 업무를 보다 체계적이고 효율적으로 처리하게 된다. 내 조언은 이렇다. 어떤 기술이 당신의 목표 달성에 유용하다면, 적극 활용하라. 하지만 첨단 기기와 기술은 그저 시간 낭비 요소에 불과할 수도 있다. 당신이 어떤 기술을 배우느냐는 중요하지 않다. 중요한 것은 무엇에 이용하느냐다. 당신의 진전을 방해한다면 어떤 것이든 당신의 길에 들여놓을 필요 없다.

노력을 어디에 쏟을지
알아야 한다

✛

경영을 공부했거나 그 분야의 책을 읽어본 사람이면 누구나 '파레토 법칙'을 들어봤을 것이다. 성과의 대부분(80퍼센트)이 일부(20퍼센트)의 노력으로 발생한다는 법칙으로, 미국의 경영이론가 조지프 주란이 품질 관리에 이 법칙을 적용하면서 널리 알려지게 되었다. 이 개념은 매일의 활동을 평가할 때도 매우 유용하다. 삶의 우선순위를 정하려는 사람들에게 내가 제안하는 것 중 하나가 '80/20 법칙'을 이용한 방법이다.

먼저 하루 동안 수행하는 일을 빠짐없이 기록하고, 그중에서 성과의 대부분을 만들어내는 20퍼센트의 활동을 가려보자. 이렇게 핵심 업무를 가려낸 다음, 나머지 활동을 죽 훑어보자. 이는 당신이 줄이거나 없애야 하는 일의 목록이다. 보통은 10퍼센트의 활동이 자신의 시간을 막대하게 낭비하고 있음을 발견하게 된다. 이 활동들은 완전히 제거되어야 한다. 남은 업무들은 통합해서 특정 시간대로 줄이거나 외부에 위탁한다.

에너지 쏟을 곳을 고도로 신중히 선별하고, 일을 너무 많이 벌이지 않는 것이 최선이다. 목표에 빨리 도달하게 해주고 성공을 지체하지 않게 해주는 일들에 집중해야 한다. 시간 부족을 느낄 때야말로 책임감을 느끼고 우선순위의 결여를 받아들일 때다.

일단 활동 목록을 만들어보면, 불필요하거나 헛수고인 일에 얼마나 많은 시간을 쓰고 있는지 놀라게 될 것이다. 하지만 너무 자책하지는 말자. 우리는 어릴 때부터 매분 매초를 활동으로 채우도록 훈련받았고, 이 압박은 오늘날 더 심해졌다. 우리는 지루함을 좋아하지 않는다. 우리의 마음은 언제나 자극을 요구한다. 우리가 긍정적인 자극을 우선시하거나 적극 선택하지 않는 것이 문제다. 불행히도 우리는 모두 산만해지는 데 달인이다.

직장 내 업무 환경을 생각해보자. 당신은 당신의 관심 여부나 가치 창출 여부에 상관없이 이런저런 활동을 수없이 요구받는다. 당신은 자신의 자리를 지키기 위해 엄청난 양의 잡무,

즉 바쁘기만 하고 별로 의미는 없는 일들에 시달린다. 혹시 회의할 시간을 정하는 회의에 불려 간 적은 없는가? 이런 종류의 황당한 잡무가 일과의 상당 부분을 차지한다. 거기다 자리마다 칸막이가 쳐져 있는 갑갑한 환경은 감각을 무디게 하고 창의성을 증발시키는 데 괴력을 발한다.

직원들이 인터넷 서핑과 잡담으로 낭비하는 시간이 얼마나 되는지 조사한 연구가 많다. 연구 결과들은 회사가 직원의 시간을 살 수는 있지만, 그들을 생산적으로 행동하게 만들 수는 없다고 말한다. 이런 환경에 길든 사람들이 자기에게 주어진 시간의 가치를 제대로 이해하지 못하는 것은 어쩌면 당연한 결과다.

매일의 활동들에 효과적으로 우선순위를 매기는 것은 당신이 자기 시간을 소중히 여긴다는 것을 의미한다. 이는 기본적으로 자존심 문제다. 자기 인생을 가치 있고 의미 있게 보는 사람은 당연히 자기 시간을 귀하게 여긴다. 헛되이 세월을 보내는 사람은 자기 활동들을 딱히 최적화할 이유를 느끼지 못하는 사람일 것이다. 의미 있는 목적이나 방향이 없는 사람은 변화에 대한 의지도 없을 가능성이 크다. 물론 이런 사람도 때로 삶의 의욕을 느끼긴 하겠지만, 그 동기부여는 오래가지 못한다.

시간 관리 프로그램은 거부하기 힘든 미끼를 던진다. 더 높은 생산성, 더 많은 자유 시간, 더 신속한 소득 창출, 더 높은 자존감을 약속하며 사람들을 구슬린다. 단기적으로는 이런 혜택이 어느 정도 실현되기도 한다. 하지만 거기에는 조직화, 상세 일정 수립, 최신 소프트웨어 배우기 같은 '마이크로 경영' 활동에 점점 더 시간을 빼앗길 위험이 존재한다. 시간 관리 프로그램의 취지였던 핵심 업무의 실행은 오히려 뒷전이 되어버린다. 이렇게 배보다 배꼽이 커지면, 시간 관리 프로그램은 당신의 생산성 향상을 돕는 대신 낮은 생산성을 위장하는 수단이자 또 다른 잡무가 된다. 이는 삶의 목적을 찾지 못한 사람들이 흔히 겪는 문제다. 다시 말하지만, 삶의 목적을 찾는 것이 먼저다. 최신 프로그램은 생산성을 높인다는 환상을 제공한다. 하지만 프로그램을 낱낱이 분해해봤자 거기서 진정한 목적이 나오지는 않는다. 거기에는 아무것도 없다. 삶의 목적이 없는 업무는 다 합해봤자 한 무더기의 잡무와 잔일에 불과하다. 잡무를 완수해봤자 인생 대계에는 아무 영향도 미치지 않는다. 잡무는 어떤 발전에도 기여하지 않고 완전히 잊힌다. 먼저 삶의 목적을 찾아야 한다. 목적 찾기가 선행되지 않으면 활동에 우선순위를 매기려는 어떠한 시도도 허사다. 목적 없이는 명확한 방향도 있을 수 없다.

일단 삶의 목적을 찾아야 거기에 맞는 활동을 규정할 수 있다. 하지만 명심하자. 우선순위 설정이 제 역할을 하려면, 할 일을 결단하고 그 일을 실행해야 한다. 시간 관리에 대해 우리가 듣는 조언은 대개 활동을 완수하라는 것이다. 하지만 최선의 행동 방침을 정하지 않은 채로 관여하는 활동들은 그저 당신을 어수선하게 만들 뿐이다. 그렇게는 아무것도 성취할 수 없다.

당신도 이런 좌절감을 겪어봤을 것이다. 삶의 목적을 알고 그것을 성취하려 애쓰지만, 계속 헛바퀴만 돌리고 있는 느낌. 이때는 의식과 잠재의식의 단절이 원인일 수 있다. 당신의 의식은 새로운 생각과 목적이 옳다고 느끼지만, 당신의 잠재의식은 아직 그것을 받아들이지 못한 것이다.

이런 일은 흔하게 일어난다. 내 세미나에 참석한 사람들은 모두 변화를 다짐한다. 하지만 자신의 뿌리 깊은 믿음을 바꾸려는 노력 없이 대뜸 새로운 활동을 시작할 때가 많다. 그들은 무언가가 제대로 작동하지 않는다는 것을 직관적으로 알지만, 자신의 뿌리에 대해 생각하기를 피한다. 그들은 자신에게 진실을 숨기는 건강하지 못한 주기를 적어도 한 번, 때로는 여러 번 거친다. 자신의 잠재의식이 완전히 동의하지 않은 목적을 떠안고 나아가는 것은 엄청난 저항을 뚫어야 하는 것처럼 어렵다. 그들은 전진하지 못하는 자신의 무능함에 좌절하면서도 다른 돌파구를 찾지 못한다.

이를 보여주는 좋은 예가 직장 생활이다. 우리는 아주 어린 시절부터 나중에 자라면 반드시 직장에 다녀야 한다고 배운다. 대부분 고등학교나 대학을 마친 후 직장을 구한다. 얼마 뒤 당신은 이 길이 자신의 길이 아니며, 자신의 뜻은 다른 데 있음을 깨닫는다. 하지만 어릴 때부터 주입받은 믿음 때문에 뜻을 접고 마음을 돌려서 예정된 경로를 따라간다. 매일 일하러 가지만 그 일이 좋지는 않다. 경제적 여유만 있다면 일하러 갈 이유가 없다고 생각한다. 당신은 자유를 꿈꾼다.

이렇듯 창의적 '취업'이 아닌 규범화된 '취직' 인생을 살아온 사람들을 보면, 그중 극소수만이 삶에서 행복과 보람을 느낀다. 모두 겉으로는 만사 순조로운 척하지만, 사적으로는 내면 깊이 덫에 갇힌 듯 비참함을 느낀다. 이런 심적 고충은 매년 더 심해진다. 위계적인 조직문화를 생각할 때, 나는 인간 정신에 좋은 직장은 많지 않다고 본다. 물론 예외가 있지만, 예외가 규준이 되지는 못한다. 사실 우리 각자의 마음은 이미 알고 있다. 전통적인 고용 환경의 제약과 압박 없이도 풍족한 소득 창출과 멋진 커리어 기회, 충만한 가정생활을 포함한 더 나은 결과를 얻을 수 있다는 것을.

부로 가는 길에
필요한 것들만 고르는 법

✥

사실상 모든 시간 관리 시스템은 우리에게 여러 프로젝트의 우선순위를 정해서 정말로 중요한 일에 집중하라고 가르친다. 사소한 일에 목숨 걸지 말라고 말한다. 하지만 그 방법을 명확하게 설명하는 경우는 거의 없다. 주어진 시점에 어떤 일이 가장 중요한지 어떻게 알 수 있을까? 기한이 가장 시급한 일일까? 돈을 가장 많이 벌게 해주는 일일까? 아니면 장기적으로 최대 행복을 실현해줄 일? 아니면 가족이 가장 좋아할 일? 제대로 된 우선순위 설정 방법을 쓰지 않으면, 일관성 없이 이 과제에서 저 과제로 우왕좌왕하게 된다.

요점은 최소한의 노력으로 목표에 최대한 접근하는 것이다. 이를 이루기 위한 방법은 다양하지만, 모두 몇 가지 공통점이 있다.

1. 명확한 목적을 세운다

효과적인 우선순위 설정을 위해서는 반드시 자신의 인생 목적을 먼저 알아야 한다. 앞에서 들었던 등산 비유로 돌아가보자. 삶의 목적은 산 정상에 오르는 것이다. 그렇다면 산 정상에 오르는 것에 집중해야 한다. 둘레길을 걷거나 산기슭에서 캠핑하는 것에는 관심을 두지 말아야 한다. 오직 정상 등반에 초점을 맞추고, 모든 과제를 이 목적에 견주어 판단해야 한다. 당신을 이 목적을 향해 가장 멀리, 가장 빠르게 밀어줄 일들이 목록의 상위를 차지한다.

2. 시간을 기준으로 계획을 세운다

앞서 논했듯 시간은 가장 부족한 자원이다. 시간은 더 만들어낼 수 없다. 따라서 시간을 우선적으로 고려해서 목록을 평가해야 한다. 먼저 각각의 과제를 완료하는 데 드는 시간과 해당 과제가 만들 진전의 정도를 비교한다. 그다음 최단 시간에 최고의 보상을 안길 과제에 더 높은 순위를 매긴다. 시간 사용의 융통성도 중요한 고려 요인이다. 질문해보자. 시간이 적게 들고 시간 배정도 자유로운 과제인가, 아니면 정해진 장소에서 정해진 시간대에 수행해야 하는 과제인가?

3. 기타 자원을 따져본다

과제의 순위를 정할 때 해당 과제에 들어가는 기타 자원들의 양도 따져볼 필요가 있다. 기타 자원에는 돈, 개인 시간, 사회적 관계, 체력 등이 포함된다.

이 작업을 수행하는 데 도표를 활용하면 편리하다. 왼쪽 세로줄에 시간이 가장 적게 드는 것부터 과제들을 배치하고, 맨 위 가로줄에 과제 수행에 필요한 자원들을 배치한다. 그런 다음, 각 과제에 자원이 얼마나 드는지를 1부터 5까지 점수로 표시한다. 시간이 가장 적게 들면서 자원 소비도 가장 적은 과제들이 당신이 가장 우선적으로 집중할 과제들이다.

예를 들어보자. 당신이 최근에 체중을 엄청나게 감량했고, 당신 인생의 목적을 사람들에게 체중 관리를 통해 건강하게 사는 방법을 전하는 것으로 삼았다고 가정해보자. 이 목적을 위해 당신이 생각한 과제들은 다음과 같다.

1. 사용자들이 체중 감량에 대한 자료와 기사를 공유하고, 의견을 나누고, 서로를 격려할 수 있는 **웹사이트**를 개발한다.
2. 나의 체중 감량 경험과 분투를 담은 **블로그**를 시작한다.
3. 체중 감량 방법에 대해 **강연**한다.

4. 나만의 노하우를 담은 체중 감량 **프로그램**을 만들어 특허를 낸다.

5. 나의 경험과 노하우를 정리해 책을 쓴다.

당신이 가장 먼저 할 일은 이 과제들을 각각에 걸리는 시간에 따라 재배열하는 것이다. 그러면 순서가 다음과 같이 바뀐다.

1. 나의 체중 감량 경험과 분투를 담은 **블로그**를 시작한다.

2. 체중 감량 방법에 대해 **강연**한다.

3. 사용자들이 체중 감량에 대한 자료와 기사를 공유하고, 의견을 나누고, 서로를 격려할 수 있는 **웹사이트**를 개발한다.

4. 나만의 노하우를 담은 체중 감량 **프로그램**을 만들어 특허를 낸다.

5. 나의 경험과 노하우를 정리해 책을 쓴다.

각 과제에 들어가는 자원을 고려하면 다음과 같은 도표가 나온다.

	돈	개인 시간	사회적 관계	체력	합계	새로운 순위
블로그	1	1	2	1	5	1
강연	1	4	2	4	11	5
웹사이트	4	2	1	3	10	3
프로그램	2	2	1	3	8	2
책	5	2	1	2	10	4

도표의 최종 순위를 보자. 당신의 목록에서 우선순위가 가장 높은 과제는 블로그 만들기다. 이 과제는 시간이 많이 들지 않고 돈은 전혀 들지 않는다. 가족이나 친구들과 보낼 시간을 축내지 않고, 체력도 많이 요하지 않는다. 사회적 관계와 관련된 부가적인 노력도 많지 않다. 두루 연락해서 블로그의 존재를 알리는 일 정도다. 그러면 그들이 블로그를 읽고 피드백을 제공해줄 것이다.

도표의 기준을 적용하니 흥미롭게도 강연이 두 번째에서 다섯 번째로 내려갔다. 한 행사에서 30분에서 한 시간 정도 말하는 것은 어렵지 않지만, 이를 삶의 일부로 만드는 것은 간단한 일이 아니다. 가족과 보내는 시간을 희생해야 하고, 사람들 앞에서 말할 준비를 하는 데는 에너지도 많이 든다.

다음으로 웹사이트와 책의 점수가 같다. 동점이 나오면 애초의 기준, 즉 각각에 드는 시간을 다시 적용해서 순위를 가르면 된다. 돈이 적게 드는 순서대로 우선순위를 정하고 싶은 충동을 자제해야 한다. 그 경우 웹사이트나 책을 만드는 것보다 강연이 돈이 덜 든다. 하지만 돈은 언제라도 더 벌 수 있지만 시간은 절대 더 벌 수 없다. 이 점을 유념해서 걸리는 시간을 먼저 고려하자.

책을 내는 데 걸리는 전체 시간이 더 많기 때문에 책이 강연보다 순위가 낮아야 한다고 말하는 사람이 많다. 하지만 앞서 내가 한 말을 기억하기 바란다. 시간 기준을 적용할 때, 프로젝트에 드는 시간의 총합뿐 아니라 시간 운용의 융통성도 중요하다. 책은 하루 중 어느 때나 쓸 수 있고, 30분이나 한 시간씩 자투리 시간을 이용해서 쓸 수도 있다. 또한 해당 날짜에 더 중요한 일이 생기면 책 쓰는 시간을 얼마든지 재조정할 수 있다. 이에 반해 강연은 반드시 미리 특정 청중이 모이기로 합의한 일시와 장소에서 해야 한다. 강연은 시간 운용의 묘가 없다. 당신의 일정에 맞춰 다시 옮기거나 조정할 수 없다. 이런 융통성 부족이 앞의 도표에는 개인 시간을 뺏는 정도와 체력을 요구하는 정도에 반영되어 있다.

많은 사람이 도표 작성하기를 부담스러워 한다. 꼭 이렇게 자세할 필요는 없다. 다만 매일 저녁 내일 할 일의 목록을 만들 때 위의 고려 요인을 염두에 두자. 다음 날 꼭 필요한 과제들에 집중하며 하루를 시작할 수 있을 것이다. 만약 마치지 못한 일이 생긴다면 그건 목록의 끝에 있는 것들, 즉 중요하지 않은 것들이어야 한다. 어렵거나 복잡할 필요 없다. 핵심은 다음과 같다. 첫째, 과제의 서열을 매길 명확한 기준을 정하고, 둘째, 중요도에 따라 과제를 공략해 나가는 것이다.

제대로 결정해야
제대로 갈 수 있다

✣

나는 학교에서 의사결정 스킬을 가르치지 않는 것을 늘 안타깝게 생각한다. 자신의 직관을 믿고 신속하고 정확하게 결정을 내리는 능력은 배움을 통해 키워나갈 수 있다. 연습할수록 능숙해진다. 결정이란 결국 선택과 평가다. 인생의 매 순간 마주하는 과제를 완수하는 방법은 여러 가지다. 우리는 선택해야 한다. 복잡하게 생각할 필요가 없다. 방금 설명한 우선순위 설정 전략을 이용해서 평가하면 된다. 주어진 기준을 적용해서 최선의 옵션을 파악해보자.

물론 평가가 수월하지 않은 결정도 있다. 우리는 때때로 하나 이상의 미지수를 포함하는 어려운 선택에 직면한다. 각각의 대안이 어떤 결과를 낳을지 미리 알지 못한다. 그래서 짐작과 추측에 귀한 시간을 허비하기 쉽다. 이는 엄청난 시간 손실, 심하게는 침체기를 초래한다. 특히 퇴사하거나, 창업하거나, 더 좋은 기회를 따라 다른 지역으로 이주하는 등의 큰 결정을 앞두면 갈피를 잡기 어렵다. 하지만 미지의 세계에 뛰어들기 전에는 무엇이 성패를 가를지 미리 알 방법이 없다.

중요한 선택의 갈림길에 섰을 때 사람들은 으레 일종의 정신적 마비를 겪는다. 미지에 대한 두려움 때문에 결정을 차일피일 미룬다. 모든 결정은 현상 유지와 변화 사이의 선택을 수반한다. 그러나 어떤 변화가 자신에게 유리할지 보장할 수 없을 때 사람들은 대개 몸을 사리고 움직이지 않는 쪽을 택한다.

부의 원리를 익히기 위해서는 먼저 부유한 마음을 개발해서 낡은 믿음이 재잘거리는 '~하면 어쩌지?' 타령을 무시하고, 신속한 결정을 내려야 한다. 큰 결정도 예외는 아니다. 결정은 당신이 누구이고 당신의 목적이 무엇인지에 대한 직접적 반영이다. 각각의 결정이 자신에 대해 품은 믿음과 자신이 나아가는 방향을 공식화한다.

때로 우리는 어디서부터 시작해야 할지 몰라서 프로젝트 시작을 미룬다. '책 쓰기' 같은 목표는 처음 세울 때는 간단해 보일지 몰라도 막상 실행하려 하면 거대한 미지의 구덩이처럼 보인다. 이내 미루기가 시작된다. 이 사태를 해결할 한 가지 방법은 바로 눈앞의 한 단계에 집중하는 것이다. 그 단계가 완료되면 다음 단계로 이동한다. 예를 들어 다이어트에 대한 책을 쓴다면, 첫 번째 단계는 각 장의 요점을 나열한 아주 간단한 개요를 작성하는 것이다. 이것을 끝냈다면, 다음 단계에서는 1장의 제목을 정하고, 1장의 내용이 될 15가지 아이디어를 나열한다. 다음 단계는 이 아이디어들을 논리적인 순서로 배치하는 것이다. 다음에는 15개 항목 각각에 대해 5분씩 쓴다. 프로젝트 전체가 아니라 매 단계에 집중하면 각각의 부분이 논리적인 방식으로 합쳐지고, '책 쓰기'라는 아이디어에 따라붙던 막막한 기분이 사라진다. 참고로 말하자면 지금 이 책도 딱 이런 방법으로 썼다.

큰 개념과 큰 결정을 작은 개념들과 작은 선택들로 나누면 덤벼들 엄두가 나지 않던 일이 만만해진다. 부담스러워서 질질 끌던 일에 비로소 집중하고, 착수하고, 매진할 수 있게 된다. 따라서 효과적인 한 가지 해법은 큰 프로젝트를 작은 단계들로 분해해서 목록을 만드는 것이다. 즉 시작부터 완료까지 이어지는 상세 계획을 짠다. 여기서 작은 단계들이란 아주 기본적인 활동, 즉 너무 작아서 더는 의미 있게 쪼개기가 어려운 세부 항목을 말한다.

세부 단계의 예를 들어보자. 특정 프로젝트의 진행 상황과 관련된 통화 5분, 거래처 중 한 곳이 보낸 질의에 이메일로 답하기 등이다. 대개는 30분 이내, 이상적으로는 10분 이내에 완료할 수 있다. 이처럼 세부 단계는 아주 작고 명확한 활동들로 이루어진다.

이런 생각이 들 수 있다. 시작 전에 대형 프로젝트를 여러 세부 단계로 나누는 일이 항상 가능한 것은 아니지 않나? 있는 바퀴를 다시 발명할 필요는 없다. 남들이 이미 해놓은 것이 있을 때는 이를 적극 활용하는 것이 좋다. 가령 책 쓰는 방법이 궁금하면 시중에 나와 있는 작법서를 참고한다. 책 쓰기를 단계별로 차근히 설명해놓은 책이 있을 것이다. 그 작법서가 당신의 프로젝트 전체 과정을 세부 단계 수준까지 분해해주지는 않겠지만, 시작을 돕는 훌륭한 지침이 될 수 있다.

사실 프로젝트를 시작부터 완료까지 계획하는 것, 그것도 구체적으로 계획하는 것이 쉬운 일은 아니다. 그러기에는 불확실성이 너무 많은 상황도 있다. 좋은 예가 양방향 소통이 관건인 웹사이트 개발이다. 하지만 그런 경우에도 세부화 접근법을 이용해서 합리적으로 내다볼 수 있는 가장 멀리까지 계획을 세우는 것이 좋다. 그렇게 특정 지점까지 일을 진행한 후 다음 구간의 계획을 세운다.

대형 프로젝트에 착수할 때는 이렇게 처음부터 끝까지 세부 단계로 나누어 실행에 옮긴다. 이 활동 목록은 길이가 몇 페이지가 될 수 있고, 작성하는 데 얼마간의 노력이 든다. 하지만 일단 목록이 완성되면, 프로젝트 시행이 훨씬 순조로워진다. 또한 프로젝트가 언제 완료될지에 대한 정확한 예측이 가능해진다. 결승선을 볼 수 있다는 것이 일의 진행에 얼마나 유리할지 생각해보라.

프로젝트가 끝나도 활동 목록은 남는다. 그래서 유사한 궤적을 가진 다른 프로젝트에 매우 유용하게 재활용할 수 있다. 다이어트 프로그램을 보완할 운동 동영상을 만든다고 가정해보자. 동영상을 딱 하나가 아니라 시리즈로 여러 편 만들 수도 있지 않을까? 이 경우 매번 같은 프로세스를 밟아서 각각의 동영상을 완성한다. 목록을 처음 만들 때 공을 들이면 장기적으로 더 많은 시간을 절약하게 된다. 일단 한번 만들어놓으면 시리즈의 다음 동영상 제작은 매우 순조롭게 흘러갈 것이고, 중요한 단계를 놓칠 우려 없이 프로젝트 완수에 집중할 수 있다.

그렇다면 큰 과제를 작은 단계들로 나누는 게 좋을 때는 언제일까? 이 결정은 과제의 복잡성에 기반한다. 과제가 명확하고, 지연을 초래할 만큼 부담스럽지 않은 경우는 해당 과제를 그냥 할 일 목록에 올리고 더 세분화하지 않아도 된다. 반면 처음 해보거나 익숙지 않거나 복잡한 과제라면 세분화해서 어디서부터 시작할지 명확하게 정하는 것이 최선이다. 그래야 다음에 무엇을 할지 궁리하느라 맥이 끊어지는 일 없이 이 활동에서 저 활동으로 물 흐르듯 진행할 수 있다.

이런 접근법을 이용해도 되고, 자신에게 더 맞는 접근법을 개발해도 좋다. 자신의 과제에 우선순위를 매기고 자신의 선택을 평가할 나름의 방법이 있다면, 그게 어떤 형식인지는 중요하지 않다. 나중에는 대형 과제를 돌파해나가는 데 매우 익숙해져서, '책 쓰기' 같은 과제도 단계화하지 않고 할 일 목록에 올릴 수 있게 된다. 진행 정도에 따라서 적정 수준으로 세분된 계획은 그 자체로 매우 강한 동기부여 요인이 된다.

시작이 반 이상이다

✢

전체 과정의 첫 단계는 자신의 의도를 시각화하는 것이다. 의도가 어떻게 발현할지는 아직 알 수 없다. 하지만 일단 명확한 목적을 가졌다면 반드시 행동해야 한다. 처음 몇 단계가 떠오르면, 이제는 직접 그 발현 과정에 뛰어들고 자신의 진심을 스스로 증명할 차례다. 그러지 않으면 그 행동 단계들은 당신이 자리에서 일어나 일에 착수할 때까지 당신을 계속 노려볼 것이다.

프로젝트의 과제 목록을 만들 때, 계획과 실행을 분리하자. 그래야 더 순조롭게 실행할 수 있고, 더 쉽게 생산적인 흐름을 탈 수 있다. 당신은 이제 계획을 따라가면 결과가 생긴다는 것을 안다. 설사 완벽하지 않아도 완수하게 된다.

다만, 단계별 접근법이 무한정 계획만 하고 실행은 하지 않는 핑계가 되어서는 안 된다. 우선순위 설정과 평가의 존재 이유는 오로지 실행에 있다. 반드시 행동에 나서자!

부의 마인드셋을 기르는 법칙

❺

+ 시간은 재생 불가의 자원임을 인식하라.

+ 중요한 과제에 집중하고 나머지는 줄이거나
  제거한다.

+ 각각의 활동에 드는 시간을 고려하여 우선순위를
  정한다.

+ 소모적인 분주함을 줄이고 업무 실효성을 높인다.

+ 첨단 장비를 써서 시간을 아끼고 생산성을 향상한다.

+ 시간 부족은 사실 우선순위 부재다.

+ 과제에 우선순위를 부여하고 선택을 평가하는
  체계적인 방법을 구축하라.

+ 반드시 행동에 나선다.

· 6장 ·

가난한 패러다임에서
벗어나라

많은 사람이 다음과 같은 기본적인 질문과 씨름한다. "사람들이 평균적 결과로 여기는 것이 그렇게 기준 이하라면, 어째서 대부분 그저 평균적인 삶을 유지하는 걸까?" 지금쯤 우리는 답을 안다. 사람들은 대부분 극복하기 매우 어려운 뿌리 깊은 신념을 가지고 있다. 그들이 평범한 보통의 삶에서 벗어나는 것을 무엇보다 원할 것으로 생각하기 쉬운데, 사실 그들은 주어진 것을 그저 받아들이며 하염없이 살아갈 뿐이다. 그들은 자신의 인생에 더 많은 것이 있다고 믿기를 거부한다.

지금까지 당신의 마음에 뿌리박힌 오랜 신념을 극복하는 것에 대해 중요하게 논했다. 이 일은 내적인 일이며, 스스로 해야 한다. 유념할 것은 당신이 어떤 새로운 아이디어를 삶에 도입하든, 주변 사람들과 사회 전체의 패러다임에 끊임없이 부딪히게 될 거라는 사실이다.

패러다임이라는 말은 특히 비즈니스 세계에서 심하게 남용된다. 너무 많이 쓰여서 오히려 진짜 의미를 모르는 사람이 많을 정도다. 패러다임이란 특정 시대 특정 인간 집단이 보유한 관념들의 집합을 말한다. 패러다임은 한 사람이 가진 하나의 관념이 아니다. 이 관념들이 세대를 이어서 공유되고, 전달되고, 받아들여진다. 사람은 번듯한 직장이 있어야 한다는 패러다임을 예로 들어보자. 이 패러다임에는 아래의 관념들이 포함된다.

✢ 사회에 공헌하는 일원이 되려면 먼저 취직해야 한다.
✢ 직장에서 시간을 많이 보내는 직원일수록 헌신적인 사람이며, 더 칭찬받을 만하다.
✢ 교육 수준이 높을수록 좋은 일자리를 얻는다.
✢ 동료들과의 경쟁에서 최고가 되어야 발전이 있다.

이런 관념들은 우리를 둘러싼 사람들의 말과 행동으로 대대손손 전달된다. 우리는 이를 학교와 가정에서 배우고, 우리 중 대부분은 다시 자녀에게 물려준다.

당신의 삶은 이런 관념에 좌우되지 않는다고 생각할 수 있다. 그렇다면 물어보겠다. 누군가와 안면을 틀 때 상대에게 다니는 회사를 물어본 적 없는가? 자녀나 친척이 대학에 가지 않겠다고 하면 어떤 생각이 드는가? 장차 어떻게 번듯한 직장을 얻을 생각인지 걱정스러운 질문을 한 적은? 자유직은 말이 좋아 자유직이지 사실은 실업자나 일할 의욕이 없는 사람이라고 생각한 적은? 이런 생각들은 우리가 '번듯한 직장' 패러다임에 얼마나 깊이 박혀 있는지 보여준다.

자신의 추정과 생각에 의문을 품기 시작할 때가 기존의 뿌리박힌 패러다임에서 벗어나기 시작하는 때다. 이 시점에 진실이 보인다. 다시 말해 기성 패러다임들은 당신이 삶에서 원하는 것이 아니라는 것을 깨닫는다. 마인드셋의 변화는 당신을 주변 사람들, 즉 그동안 변하지 않았던 사람들에게서도 분리한다. 물론 이 분리는 깔끔하게 일어나지 않는다. 주변의 변하지 않는 사람들이 당신을 기존의 사고방식으로 돌려놓으려 부단히 애쓰기 때문이다.

어부들이 흔히 하는 말이 있다. 게를 양동이 가득 잡아도 게들이 도망치는 염려는 하지 않아도 된다는 것이다. 밖으로 기어나가려는 게가 있어도 다른 게들에게 잡혀서 다시 양동이 속으로 떨어지기 때문이다. 이것이 새로운 길로 나아가려는 당신이 겪는 느낌이다. 당신은 그들이 전력을 다해 당신을 방해하고 끌어내리려 한다는 생각이 들 것이다. 하지만 사실 그들은 자신의 두려움을 당신의 상황에 투사하는 것뿐이다. 심지어 그들은 자신이 당신을 돕고 있다고, 당신을 실망과 실패에서 구하고 있다고 여긴다.

원하는 삶을 실현하고 싶다면 이런 압력에 저항할 수 있어야 한다. 남들이 하지 않을 것을 해야 한다. 남들이 던지는 의심의 눈초리를 무시하고, 내가 가려는 길을 꿋꿋이 가야 한다. 사회가 믿는 기성 규범과 패러다임에서 벗어나면, 진부하고 뻔한 결과를 그저 받아들이는 대신 삶이 당신을 위해 과연 무엇을 예비하고 있는지 알아볼 기회를 얻게 된다.

주변을 부의 그릇이
비슷한 사람으로 채우라

✠

기성 경로에서 벗어나는 사람, 남들이 기대하는 길을 거스르는 사람은 소외감을 느끼기 쉽다. 여기에는 직장 환경에서 널리 신봉되는 또 하나의 패러다임이 작용한다. 나는 이 패러다임을 '합의의 함정'이라 부른다.

우리는 어릴 때부터 팀으로 일하는 것이 최고의 결과를 낸다는 믿음을 주입받았다. 이것이 맞는 말일 때도 있다. 스포츠 팀을 생각해보자. 선수들은 부단히 서로를 더 높은 고지로 밀어 올린다. 이는 공동의 이익을 위한 것이다. 그들에게는 공동의 목표가 있고, 그 목표를 어떻게 달성할지에 대한 공동의 합의가 있다. 그런데 만약 목표에 이를 방법이나 목표 자체가 결정되지 않은 집단이라면? 이러면 양상이 달라진다. 집단은 아이디어를 모으며 모든 구성원이 동의할 수 있는 경로를 정하고자 한다. 이들이 원하는 경로는 딱히 목표에 이르는 최선의 길이나 가장 빠른 길이 아니다. 이들이 원하는 것은 모두의 동의다. 그 과정에서 매우 대담하거나 전위적인 생각을 하는 구성원은 끌어내리고, 기대치가 낮은 구성원에게는 참여와 협조를 독려한다.

결과적으로 집단은 위험을 최소화하면서 진전할 방법으로 합의를 본다. 그들 중 일부는 어떤 방향이 나을지 확신하지만, 다른 일부는 그렇지 않다. 모두의 마음에 드는 결론은 사실상 없기 때문이다. 결국 그들은 모두가 용인할 만한, 하지만 아무에게도 만족스럽지 않은 해법을 도출하게 된다.

이것이 내가 진심으로 삶을 바꾸고 싶다면 비슷한 마인드셋을 가진 사람들 사이에 있어야 한다고 입 아프게 말하는 이유다. 이해를 거부하는 사람에게 당신의 행동과 생각을 끝없이 설명해야 한다면, 시간이 흐르면서 당신의 결의는 닳아버리고 의심만이 계속 당신 주위를 맴돌게 된다.

물론 비판을 받아들이는 자세도 필요하다. 하지만 더 중요한 것은 비판의 출처를 따져보는 것이다. 당신이 몸담은 분야에 관록 있는 사람이 건네는 지적이나 충고라면 그 말을 진중히 경청할 필요가 있다. 하지만 경험 없는 사람의 오지랖이라면 한 귀로 듣고 한 귀로 흘려야 한다.

자기 의심은 가난을 부른다

✤

내가 아는 영업자나 사업주치고 수행과 수익의 관계에 관심 없는 사람은 없다. 비즈니스 세계의 거의 모든 시스템이 이 두 개념을 인과관계로 본다. A를 하면 B가 나온다는 식이다. 이 논리에 따르면, 목표 달성을 원하면 먼저 그 목표를 실현할 활동을 만들어야 한다.

대부분이 당연하게 생각하는 설명이다. 하지만 완전히 틀린 말이다! 막상 수익의 원인을 찾아보면 그것이 '활동'일 때는 거의 없다. 진짜 원인은 마음의 결정이나 의도다. 예를 들어 당신의 목표가 마라톤 완주라고 치자. 당신은 열심히 훈련하면 목표가 성취될 것으로 여긴다. 하지만 잘 생각해보면 사실 훈련은 원인이 아니라 결과라는 것을 알 수 있다. 진짜 원인은 마라톤을 하겠다는 결정이었다. 당신이 내렸던, 그리고 매일 끊임없이 내리는 바로 그 결정이었다. 애초에 이 결정이 일어나지 않았다면 당신이 마라톤이라는 결과를 만들기 위해 훈련에 참여하는 일도 일어나지 않았을 테니까.

부를 얻고 싶다면 먼저 부유해지겠다는 결정을 내려야 한다. 이것이 부유한 마음을 만드는 첫 번째 단계다. 부유한 마음이 있어야 당신이 선택한 결과를 불러올 수 있다. 두 번째 단계는 실행하는 것이다. 아주 단순한 구분이지만, 당신이 그동안 실패한 원인이 이 구분을 하지 못했기 때문일 가능성이 크다. 자신이 세운 목표를 이루고자 할 때 최대 관건은 그것을 실현하겠다는 결정을 내리고 그것이 실현되리라고 온전히 믿는 것이다. 지금은 목표가 능력 밖의 일로 느껴져도 괜찮다. 어떻게 A에서 B로 갈지 아직은 알 수 없어도 상관없다. 필요한 자원들은 당신이 결정을 내린 후에 모습을 드러낼 것이다. 그 이전에는 나타나지 않는다. 항상 기억하자. 믿는 대로 보인다. 그 반대가 아니다.

이 개념을 포용하지 않으면 시간만 엄청나게 낭비하게 된다. 먼저 '만약 ~하면 어쩌지?'라는 질문을 끊어야 한다. 또 자신이 해낼 수 있을지 여부를 남에게 묻는 일을 그만둬야 한다. 자신의 사업을 시작하고 싶다면 창업 결정을 내리면 된다. 직업을 바꾸고 싶다면 전업을 결정하면 된다. 사람들의 삶에 가치를 더하는 일을 하고 싶다면, 그렇게 하기로 마음먹으면 된다. 너무나 많은 사람이 해야 할 일을 하지 않고 우물쭈물하며 너무나 많은 시간을 낭비한다. 그들은 자신의 목표가 가능한 목표인지 생각만 하면서 몇 주, 몇 달, 심지어 몇 년을 보낸다. 그럴 시간에 결정하고 실행했다면 벌써 달성했을 것이다. 그런 종류의 의심은 끌어당김의 법칙에 시동을 건다. 그리고 이런 경우, 끌어당김의 법칙은 당신에게 불리하게 작용할 것이다.

자기 목표를 말하면서도 동시에 그 목표에 대한 회의적 태

Bob Proctor

도를 뿜는 사람들이 있다. 그런 사람은 대개 이렇게 말한다. "음, 일단 한번 해보고 어떻게 되나 보려고요. 잘 되길 바랄 뿐이죠." 이런 태도는 아직 결정이 내려지지 않았다는 명백한 증거다. 이런 사람은 아직 심사숙고 단계에 있을 뿐이다. 만약 이렇게 말하는 사람이 당신에게 도움을 청한다면 선뜻 도와주게 될까? 아마 대부분 아니라고 답할 것이다. 열정이 없는 사람에게 왜 당신의 시간을 낭비하겠는가? 반대로 누군가 아이디어를 말할 때 그 사람이 그것이 이뤄지리라 믿고 거기에 전력한다고 느껴지면, 도와달라고 하지 않아도 돕고 싶어진다.

열정은 전염된다는 말이 있다. 사실이다. 누구나 자신의 목표와 꿈에 헌신하는 사람을 가까이하고 돕고 싶어 한다. 그런 사람이 부탁하는 일이면 뭐든 들어줄 마음이 생긴다. 그 사람이 결국 성공하리란 것을 알기 때문이다. 그 성공의 일부가 되고 싶은 건 당연하다. 특히 남들의 삶에 가치를 더하는 목표를 세우고 거기에 매진하는 사람은 상대에게 그의 성공에 일조할 의욕과 동기를 불어넣는다.

마인드셋, 수행, 수익 사이에는 분명한 연관성이 있다. 셋은 상호 연결되어 있다. 서로 분리되어 있지 않다. 부유한 마음을 가지고 있지만 실행하지 않는다면 어디서 어떻게 수익이 나겠는가? 목표 달성을 위해 동분서주해도 마음속에 '과연 이 목표를 달성할 수 있을까?' 하는 의심이 가득하면 실패가 따른다. 자기가 하는 일에 확신이 없으면 잠재의식에서 창의력이 솟지 못한다. 당신이 명확하고 헌신적인 결정을 내리면, 잠재의식이 수문을 활짝 열어서 때로는 신비롭고 믿기 힘든 방식으로 당신에게 필요한 모든 자원을 제공할 것이다. 그러니 새로운 목표가 생길 때마다 먼저 그 목표를 이루기로 결단해야 한다. 그리고 그 목표를 이루는 자신을 시각화하자. 믿음을 만들었다면 꿈의 실현을 위한 행동에 나서자.

기대만으로는 부족하다. 의도를 분명히 하고, 원하는 것에 헌신해야 한다. 이는 땅에 씨앗을 심는 것과 같다. 씨앗도 심지 않고 "씨앗이 잘 자랐으면 좋겠어"라고 말하는 사람은 없다. 일단 씨앗을 심어야 한다. 그래야 심고 돌봄에 대한 자연스런 결과로써 나무의 성장을 기대할 수 있다. 목표를 의도하자. 그것을 당신이 접하는 모든 사람에게도 가치를 더하는 방식으로 표출하자. 이 점이 매우 중요하다. 두려움이나 박탈감에서 만들어진 목표는 끔찍한 결과를 가져올 수 있다.

목표 달성을 위해 노력하지만, 적정한 마인드셋 없이 오직 실행에만 집중하면 스스로를 방해하는 일이 될 수 있다. 겉으로만 다이어트하고 맹렬히 운동하면 무슨 소용인가. 속으로는 "나는 뚱뚱해. 부질없는 짓이야. 어느 세월에 살을 빼겠어"라고 생각하면, 그 생각들이 실행 효과를 좀먹어서 다이어트 시도는 하나 마나 한 일이 되거나 심지어 부정적인 결과를 낳는다. 목표 달성을 원한다면 마음에서 '설마', '행여나', '못 해'라는 말을 싹 몰아내야 한다. 부정적인 생각은 엄금이다. 이를 위해서는 부단한 경계와 훈련이 필요하다.

자기 불신은 자기 힘을 자기에게 불리하게 쓰는 행위다. 온 우주에 대고 "가난하게 해주세요"라고 비는 것과 같다. 그러면서 자신이 무슨 기도를 어떻게 하고 있는지 분간조차 하지 못하는 것이다. 나약함에 대해 생각하면 나약함을 표출하게 된다. 타인이나 외부의 영향을 탓하는 일로 자신의 힘을 외부 세계에 쏟아내면 결국 당신은 힘을 잃고 만다.

언젠가 시작하겠다는 환상

✢

확신이 있는 사람은 소파에 앉아 별안간 성공이 닥치기를 기다리지 않는다. 몇몇 멘토 중에는 마인드셋을 통해 끌어당김의 법칙을 이용하자는 말만 하고, 막상 실행은 별로 강조하지 않는 이들이 있다. 하지만 마인드셋만 말하고 실행에 대해 언급하지 않는 것은 이야기를 하다가 마는 것과 같다. 이는 사람들에게 마음만 먹으면 할 일을 다 한 것이라는 인상을 줄 수 있다. 성공하기 위해서는 실행력과 근면성이 필요하다. 수동적이고 무책임한 태도는 성공과 상극이다.

수동적인 태도를 가진 사람들의 가장 흔한 변명은 시간과 기회가 부족하다는 것이다. 앞서 논했다시피 시간 부족은 사실 우선순위의 결여 때문에 발생한다. 기회 부족은 더 나쁜 핑계다. 지금은 어느 때보다 저마다 능력을 개발하고 성공을 이룰 기회가 넘치는 시대다. 그 기회는 날마다 생겨난다. 인터넷 덕분에 자금 없이 집에서도 혼자 창업할 수 있는 시대에 이런 변명은 더 이상 의미가 없다. 하지만 불행히도 행동으로 옮기기보다 핑계 만들기를 선택하는 사람의 수는 여전히 엄청나다.

급박한 상황을 목전에 두지 않은 이상, 변화를 이루기란 쉽지 않다. 오래된 신념체계가 핑계를 만들어내 한사코 변화를 막기 때문이다. 대개의 사람이 이렇다. 그러다 생사가 걸린 위기가 닥치고 살아남기 위해 뭐라도 해야 하는 상황이 되면, 변명이 싹 사라진다. 그럴 때 비로소 우리는 창의성과 문제 해결 능력을 발휘하게 된다.

이에 관해 좋은 예가 있다. 낸시의 사례를 살펴보자.

    어느 날 우리 부부는 함께 TV를 보고 있었습니다. 부동산 업자들이 목돈 없이 부동산 투자에 뛰어드는 방법에 대해 설명하고 있었죠. TV 프로그램이 끝난 뒤 우리는 그들이 홍보하는 운영 프로그램 DVD를 구입했습니다. 둘 다 해볼 만한 일이라고 생각했거든요. 당시 제 남편은 영업직이었고, 저는 임원 비서로 일하고 있었습니다. 우리는 적당한 때가 되면 한번 시도해보자고 했습니다. 그러다 그 생각을 묻어두었습니다. 삶이 공사다망했기 때문이죠. 우리 둘 다 직장에 매여 허덕였고, 아이들도 어렸습니다. 나름 만족스러운 일상이었고, 우리는 딱히 많은 것을 바라지 않았습니다. 새로운 아이디어를 시도하지 않을 이유는 없었지만, 꼭 시도해야 할 이유도 없었습니다.

그러다 남편이 심장마비를 일으켰고, 순식간에 모든 것이 변했습니다. 남편은 심장에 심한 손상을 입었습니다. 회복하려면 몇 달이 걸리는 상황이었어요. 남편의 급여는 영업 실적에 따라 정해졌기 때문에, 회복하는 동안 이렇다 할 수입이 없었습니다. 어쩔 수 없이 남편이 물리적 활동 없이도 수입을 창출할 수 있는 방법을 찾아야 했습니다. 그때 예전에 구입해둔 부동산 관련 프로그램 DVD가 생각났습니다. 제가 일하는 동안 남편은 부동산 공부를 했고, 사업을 시작한 다음에는 남편이 전화 업무를 하고 저는 발로 뛰는 일을 맡았습니다.

우리가 투자 밑천도 거의 없이 그렇게 빨리 부동산 자산을 모을 수 있었다니 지금 생각해도 놀랍습니다. 불과 몇 달 만에 우리는 안정적인 소득원을 확보했습니다. 첫해가 끝날 무렵에는 새로운 수입이 예전 남편의 수입을 완전히 대체했습니다. 덕분에 남편은 집에 계속 머물며 투자 관리를 할 수 있었지요. 남편은 전에 몸담았던 영업 일에 비해 훨씬 스트레스가 적다며 만족해했습니다. 시작한 지 2년이 지날 무렵에는 제가 직장을 그만두었습니다. 지금 우리는 부유한 삶을 누리고 있습니다.

그 DVD들은 거의 2년이나 우리 집 책장에 잠들어 있었습니다. 우리는 지금도 그 이야기를 자주 합니다. 왜 2년동안 시작하지 않았던 건지요. 어쩔 수 없는 상황이 올 때까지 기회를 무시했던 거죠. 대체 무슨 생각이었을까요?

낸시의 경험은 이례적이지 않다. 많은 이가 큰돈을 벌 기회나 사업을 알아보지만, 알아낸 것을 추진하거나 실행에 옮기는 일은 좀처럼 없다. 문제는 변변한 헌신도, 마땅한 결심도 하지 않는다는 데 있다.

공에서 눈을 떼지 말라

✤

특히 영업직에서 마인드셋, 수행, 수익의 상관성이 뚜렷이 나타난다. 나는 오래전부터 영업 직원들, 그중에서도 특히 보험 업계의 영업 직원들을 많이 접했다. 그들은 판매 부진을 두고 외부 환경을 탓할 때가 많았다. 문제가 없을 때가 없었다. 그들은 활동 지역이 나쁘고, 경기가 나쁘고, 예상 고객이 관심을 보이지 않았다. 일부는 심지어 자신의 정보 부족이나 자금 부족을 거론했다. 이유가 끝이 없었다.

영업과 마케팅에 경험이 있는 사람은 내가 무슨 말을 하는지 알 것이다. 영업 직원들의 생각과 태도에 따라 업장마다 느껴지는 에너지가 다를 정도다.

여기에 사람들이 잘 모르는 흥미로운 변칙이 하나 있다. 그것은 최고 성과자들은 동료들이 불만을 토로하는 자리에 끼어 있거나 참여하는 경우가 거의 없다는 것이다. 사실 그들은 동료들과 어울리는 일조차 거의 없다. 최고의 영업 직원들은 긍정적 마음가짐이 얼마나 중요한지 깨친 사람들이다. 그들은 다른 직원들이 발산하는 부정적 에너지로부터 자신을 보호하고, 오직 자신의 목표에 집중한다. 이런 집중력을 두고 흔히 '공에서 눈을 떼지 않는다'고 표현한다. 만약 이들이 목표를 시야에서 놓치고 다른 직원들처럼 변명을 일삼으면 그들의 실적이 나빠지기 시작할 것이다.

영업 직원이 슬럼프를 겪고 수입에 변동이 생기는 일은 흔히 있는 일이다. 그 경우 많은 관리자가 직원의 수행 향상을 위해 트레이닝을 추가하는 방법으로 문제를 타개하고자 한다. 하지만 이는 잘못된 방법이다. 마인드셋과 수행의 연관성을 이해하면 추가적인 트레이닝이 부질없다는 것을 금세 깨닫게 된다. 영업 직원의 실적이 부진한 것이 갑자기 그가 영업 방법을 까먹어서가 아니다. 자신의 영업 능력에 대한 '믿음과 기대'를 잃었기 때문이다. 그렇게 부정적인 마인드셋으로 빠져들었고, 목표 달성에 집중하기보다 실적 부진에 집중했다. 일어나길 원치 않은 일에 대해 노심초사하면 딱 걱정하던 결과가 현실에 나타날 뿐이다.

최고 성과자들은 부정적인 마인드셋의 전염성을 잘 안다. 그래서 자신을 부정적인 사람들에게서 최대한 분리함으로서 자신의 마인드셋을 보호한다. 덕분에 그들은 높은 실적을 유지할 뿐 아니라, 심한 변동 없이 안정적이고 지속적인 수입을 창출한다. 이는 사업주, 판매원, 컨설턴트 등의 직군에도 똑같이 해당된다. 인생은 당신이 믿는 대로 펼쳐진다. 만약 당신이 삶의 목적을 놓치거나 외부 영향으로 마인드셋이 흔들리면, 당신의 수행 능력이 악화한다.

기회는 존재하며, 늘 존재할 것이다. 관건은 기회가 꺼져버리기 전에 당신이 알아보고 도전에 응할 수 있느냐다. 기회는 주어졌을 때 잡지 못하면 마치 전혀 존재하지 않았던 것처럼 지나가버린다.

마크 트웨인이 말했다. "책을 사놓고 읽지 않는다면 글을 읽지 못하는 사람보다 유리할 것이 없다." 낸시가 경험했듯, 책장 사이에서 먼지만 모으고 있는 기회는 삶에 아무 도움이 되지 않는다. 하지만 명심하기 바란다. 기회를 한 번 놓치면 다시는 기회가 없을 거라는 뜻은 아니다. 찾는 방법만 안다면 기회는 어디에나 있다.

나쁜 결정을 통해 학습하라

✛

성공한 사람들을 보면 마치 돈 버는 재주를 타고난 사람들처럼 보인다. 그들에게 천부적인 안목이 있는 것인지, 아니면 경험을 통해 얻은 노하우 때문인지 궁금하지 않을 수 없다. 대박을 내는 데 필요한 스킬을 깨치려면 그 전에 많은 실패와 실수를 경험해야 하는 걸까?

분명한 것은 무임승차권이나 자유이용권을 손에 쥐고 태어나는 사람은 없다는 것이다. 태초부터 영업왕이나 대박 사업가가 되기로 정해진 사람은 없다. 타고난 승자도 없지만 타고난 패자도 없다. 모두에게 나름의 숨은 재능이 있는 것은 사실이지만, 성공하려면 그것을 발견하고 개발해야 한다. 그러지 않으면 그 재능은 영원히 휴면 상태로, 무용지물로 남게 된다.

누구나 특정 분야에서 남들보다 뛰어나다. 자신의 재능을 아직 발견하지 못했거나 완전히 깨닫지 못했을 수는 있다. **하지만 누구나 무언가에 소질이 있다. 놀랍게도 대다수 자수성가한 사람들의 성공 요인 중 타고난 재능은 10퍼센트에 불과하다고 한다. 나머지 90퍼센트는 믿음과 각고의 노력이었다.**

타이거 우즈를 예로 들어보자. 그를 타고난 골퍼로 믿는 사람이 많다. 물론 그의 재능을 무시할 수는 없다. 그는 두 살이었던 1977년에 처음 골프를 시작했고, 그 직후에 전국 방송인 〈마이크 더글러스 쇼〉에 출연하면서 명성을 얻었다. 그는 어린 시절부터 매일 하루도 쉬지 않고 골프 연습을 했고, 1997년 첫 메이저 대회 우승을 기록했다. 처음 방송을 탄 지 20년 후의 일이었다.

만약 당신이 꿈을 향한 노력을 시작한 날부터 20년 동안 매일 몇 시간씩 거기에 매진했다면, 20년이 흐른 지금 당신은 자신의 성공을 어떻게 여길까? 사람들이 당신을 타고난 승자라고 부른다면 당신은 어떤 기분이 들까? 20년 동안 끊임없이 노력해서 일군 성공이 과연 운명적이고 미리 결정된 승리라 할 수 있을까? 그렇지 않다. 타이거 우즈가 쉽게 이기는 것처럼 보인다면 그것은 그가 수십 년 동안 자신의 플레이를 갈고 닦았기 때문이다. 그는 챔피언이 된 후에도 매일 연습하고, 어떤 것도 당연시하지 않는다. 타이거 우즈야말로 노력하는 사람의 좋은 본보기다. 남들에게는 쉬워 보이는 일이라도, 보이는 것 뒤에는 엄청난 땀과 노력이 쌓여 있기 마련이다.

타이거 우즈는 자신의 관심사에 집중했고, 자신이 사랑하는 것을 하기로 선택했다. 그는 오랜 세월 기술을 연마하고 기량을 완성했다. 골프에 대한 그의 관심이 재능의 씨를 발견하는 길잡이 역할을 했고, 그는 그 씨를 싹 틔우고 길러서 성공이라는 꽃을 피웠다. 그가 지금의 위상을 얻기까지, 엄청난 양의 노력, 의지력, 자신감, 시간, 반복 연습이 필요했다. 덧붙이자면, 좋아하는 일은 고생으로 느껴지지 않는 법이다.

관심과 열망의 힘이 아주 강하다면, 목표 달성을 위해 해야 하는 일들이 고난으로 느껴지지 않는다. 누구나 자기 분야에서 전문가가 되기 위해 애쓴다. 다행히 모두가 같은 꿈, 관심, 목표를 추구하지는 않는다. 핵심은 당신이 인생에서 정말로 원하는 일을 하는 것이다. 열망은 일을 즐거움으로 바꾸는 촉매이기 때문이다. 특정 분야에서 평균 이상의 재능을 가졌다는 것은 시작 단계에서 누리는 하나의 이점일 뿐이다. 물론 처음에는 재능을 타고난 사람이 상대적으로 적은 노력으로 더 빠르게 성장한다. 하지만 일단 일정 수준에 도달하면 쌓이는 연습량과 경험치가 훨씬 중요해진다. 연습과 끈기가 재능을 대체할 수는 있지만, 재능만으로는 절대 노력을 이길 수 없다.

잊지 말자. 오늘날 존경 받는 부자들은 모두 실패와 좌절을 겪었다. 그중 다수는 그 누구와 비할 바 없는 크나큰 시련을 겪기도 했다. 실패가 꼭 부정적인 것은 아니다. 오히려 위대함으

Bob Proctor

로 가는 디딤돌일 때가 많다. 그들은 실패를 줄줄이 겪은 다음에야 비로소 그토록 깊이 있는 성공을 거둘 수 있었다. 우리는 이런저런 실수를 하면서 지식과 경험을 얻는다. 좋은 결정은 좋은 판단과 다양한 경험에 기반한다. 경험은 좋은 판단뿐 아니라 나쁜 판단을 연습하면서 쌓인다. 실패한 시도를 무시하지 말자. 결국에는 그것들이 당신에게 성공을 가져줄 것이다.

성공한 사람 중에 늘 옳은 결정만 하는 사람은 존재한 적이 없고, 앞으로도 존재하지 않을 것이다. **성공한 사람의 특수성은 그들이 실패를 학습의 기회로 인식하고, 실패를 통해 판단력과 의사결정력을 연마했다는 데 있다. 그들은 실패할 때마다 한 걸음씩 정상에 다가간다. 실패에서 배우지도, 실패를 딛고 넘어가지도 못하면 결코 성공할 수 없다.**
성공한 사람들은 나쁜 결정을 시간이나 돈이나 에너지의 낭비로 보지 않는다. 오히려 귀중한 학습 기회로 생각한다. 그들은 퇴짜 맞는 것을 크게 개의치 않는다. 오히려 거절당한 덕분에 게임 초반에 오해나 실수를 발견해서 상대적으로 쉽게 바로잡게 된 것을 다행으로 여긴다. 엉뚱한 산을 오르며 오래 헛수고하지 않았으니 얼마나 다행인가. 그들은 에너지를 긍정적인 방향으로 되잡고 새로운 가능성으로 향한다. 당신이 이런 마인드셋을 채택하면, 누구도 당신이 부유해지는 것을 막을 수 없을 것이다.

또한 실패를 겪은 뒤 맛보는 성공은 더 달콤하다. 무일푼에서 거부로 일어선 사람은 자신의 새로운 인생을 감사히 여길 줄 안다. 애초에 부유하게 태어난 사람에게는 불가능한 일이다. 동양의 가르침에 따르면 악이 없으면 선도 없고, 추함이 없으면 아름다움도 없고, 실패가 없으면 성공도 없다고 한다. 만물의 생성과 변화가 상호 대립하는 동시에 상호 의존하는 두 가지 상반된 기운으로 이루어진다는 것이다. 이를 '음양의 원리'라고 부른다. 즉 시작 없이는 끝도 없다. 먼저 끝이 없었다면 시작도 없다. T. S. 엘리엇이 남긴 말처럼 "끝은 우리가 시작하는 곳이다."

성공한 사람들은 양극단을 모두 포용하고, 둘을 전체의 동등한 일부로 이해한다. 그들은 둘의 특성을 배우고, 둘에 대한 인식을 높이고, 둘을 자신의 일부로 받아들인다. 이것이 그들이 실패의 한가운데서 기회를 볼 수 있는 이유다.

성공한 사람들과 그렇지 못한 사람들을 나누는 것은 누가 인생에서 실망과 실패를 더 적게 경험했느냐가 아니다. 성공한 사람들은 실패에도 기회가 있다는 것을 안다. 그들은 실패의 부정적인 감정들은 옆으로 치워놓고, 실패에서 배울 점을 찾는다. 성공한 사람들이 삶에서 경험하는 것은 다른 사람들과 많이 다르지 않다. 다만 같은 경험에서도 그들의 부유한 마음은 성공을 가리키는 신호를 본다. 반면 부유하지 못한 마음은 거기서 실패의 증거를 찾는다.

성공으로 가는
8가지 해법

✢

부유한 사람들은 결국 자기 사업을 하는 사람들이다. 그들이 어떻게 성공했는지 이해하기 위해서는 그들이 겪은 최대 실수에 대해서도 알 필요가 있다. 나는 여러 부유한 사람들의 경험을 바탕으로 아래와 같이 사업하는 데 특히 주의해야 할 것들의 목록을 만들었다. 여기에는 내 경험도 포함되어 있다. 나는 사람들의 창업을 지원하면서 많은 사람이 같은 실수를 하는 것을 본다. 아래의 팁은 소규모 사업자들, 특히 자기 사업을 막 시작했거나 시작하려는 사람에게 도움을 줄 것이다.

1. 모두에게 팔겠다는 생각을 버린다

모든 사람이 무언가를 판다. 제품을 파는 것만 판매는 아니다. 부모는 자녀에게 채소가 몸에 좋다는 생각을 판다. 정치인은 유권자에게 변화에 대한 자신의 견해를 판다. 자선단체는 그들의 대의를 기부자에게 판다. 넓은 의미의 영업은 남들에게 자기 생각을 불어넣는 일이라고 할 수 있다. 모든 사업의 사활이 영업에 달려 있다. 하지만 친구와 가족을 포함해 만나는 사람 모두를 상대로 영업할 필요는 없다. 더구나 당신의 상품이 필요하지 않은 사람들에게 판매를 시도하는 것은 시간 낭비일 뿐이다.

일부 창업자들이 처음 저지르는 실수 중 하나가 모두에게 팔려고 하는 것이다. 그렇지만 영업이 먹히는 고객이 있고, 그렇지 않은 고객이 있다. 내 친구 중에 비즈니스 컨설턴트가 있다. 그의 말에 따르면, 자금 사정이 좋지 못해 작은 지출에도 벌벌 떠는 사람이나, 문제가 회사 밖에 있다고 믿으며 마인드셋을 바꿀 의향이 없는 사람은 장기적으로 봤을 때 좋은 사업가가 되지 못한다.

80/20의 법칙은 고객 관리에도 적용된다. 즉 고객의 20퍼센트가 문제의 80퍼센트를 유발한다. 문제성 고객을 미리 솎아

버릴 수만 있다면, 그렇게 하자! 만나는 사람을 다 상대할 의무를 느끼지 말자. 선별적으로 행동하자. 그래야 골칫거리를 줄이고 시간 낭비를 막아서 우수 고객에게 더 많은 시간과 정성을 쏟을 수 있다.

　나도 초창기에는 잠재적 거래관계를 바라고 접근하는 사람을 거르지 않고 응대했다. 그 탓에 승산 없는 거래를 쫓아다니며 시간을 엄청나게 낭비했다. 나는 그저 동업거리를 타진해보려는 다양한 사업가들의 점심 초대를 받아들였다. 사실상 그중 누구도 내게 돈벌이 기회가 되지 못했다. 무의미한 미팅이라는 생각이 든다면 실제로 그럴 가능성이 높다. 단지 의무감에 무작위로 인맥을 만들지 말자. 지금의 나는 여간해서는 그런 초대에 응하지 않는다. 상대의 제안이 내게 즉각적인 흥분을 주지 못하면 대부분 거절한다. 전망이 약한 기회를 거절할 줄 알아야 전도유망한 기회를 잡을 역량이 생긴다.

2. 일자리가 아닌 부를 만든다

　어떤 이들은 내가 수동 소득에 너무 목을 맨다고 생각한다. 하지만 진정한 부의 창출은 현금 흐름이 관건이라는 것을 이해해야 한다. 많은 창업자가 자금과 시간을 있는 대로 탈탈 털어

넣어야 하는 소매업을 시작하거나 인수한다. 사실상 이는 자기 돈으로 자기에게 새 일자리를 사주는 것에 불과하다. 기존 사업체들의 경우 수익을 내기 시작하는 데 보통 3~5년이 걸린다. 그동안 사업주는 공짜로 일한다는 뜻이다. 현금이 꾸준히 흘러 들어오기 전까지는 꼭 필요한 경우가 아니면 소중한 창업 자금을 쓰지 않는 것이 좋다. 소매업 말고도 네트워크 마케팅이나 제휴 마케팅처럼 적은 돈으로 시작할 수 있고, 빠른 수익과 꾸준한 현금 흐름을 제공하는 사업이 많다.

주머니에 돈이 들어오는 사업을 해야 한다. 돈을 '투자'하기 전에 그 돈을 어떻게 회수할지부터 분명히 해두자. 현재와 같이 인터넷 사업의 시대에는 자금 사정 개선을 위한 수익성 있는 사업을 쉽게 시작할 수 있다. 이렇게 만들어진 현금 흐름으로 당신이 착수할 후속 비즈니스 벤처들을 지원할 수 있다.

3. 지출을 두려워하지 않는다

상대적으로 적은 투자금으로 시작하는 것이 좋지만, 그렇다고 당신의 환경이 항상 옹색해야 한다는 뜻은 아니다. 사업의 성장을 위해 지불할 가치가 있는 것들이 있다. 절약이 효율을 막지 않도록 하자. 때로는 자신이 직접 하는 것보다 기량 있는

업체를 고용하는 것이 훨씬 효율적이다. 타인의 기술을 적재적소에 활용하는 것도 좋은 방법이다. 또한 제값을 톡톡히 할 것 같다면 좋은 장비를 구입하자. 사무용품이나 비품에 너무 신경쓸 필요는 없지만 생산성을 높여줄 실용적인 투자는 바람직하다. 더 나은 것을 살 여유가 된다면 굳이 오래된 소프트웨어가 깔린 구식 컴퓨터는 쓰지 말자. 업무의 속도와 질이 떨어질 수 있다.

돈을 아낄 때와 쓸 때를 분별하는 지혜는 하루아침에 생기지 않는다. 막 시작하는 초보자라면 경험 있는 사람에게 물어보자. 때로는 조언을 구하겠다는 생각만으로도 무엇이 옳은 선택인지 분명해진다. 해당 지출을 상식선에서 정당화할 자신이 없다면 그 지출은 실수일 가능성이 높다. 반대로, 지출 기피를 정당화하기 힘들 때도 있다.

4. 언제나 정직하게 행동한다

사업이 처음이라면, 능숙한 척하지 말자. 경험치를 속이지 말라는 뜻이다. 일부 개인사업자는 스스로 배우가 되어 실재하지 않는 경력의 아우라를 만들어내야 한다고 생각한다. 하지만 이런 식으로 고객을 속이면 그것이 부메랑이 되어 돌아와 당신의 발목을 잡게 된다. 사람들도 바보가 아니라서 상대가 부정직하면 단번에 눈치를 챈다. 당시에는 당신을 믿을지라도 어느 시점에는 결국 사실을 알게 될 것이다. 거짓말을 해야 할 정도로 벌이가 다급한 상황이라면, 아직 자기 사업을 시작할 때가 아니다. 남들에게 진정한 가치를 제공하고 그에 상응하는 가격을 청구할 수 없다면 아직 개업할 준비가 되지 않았다는 뜻이다. 기량을 더 개발하는 것이 먼저다.

5. 관계를 소중히 여긴다

계약서 자체가 거래가 될 수는 없다는 걸 명심하자. 아무리 정교한 법률 문서가 있어도 결국 중요한 것은 인간관계다. 계약서는 결국 종이와 잉크일 뿐이다. 비즈니스를 하다 보면 계약이 지켜지지 않는 경우가 허다하다. 하지만 막상 계약 파기는 대개 관계의 결렬 때문에 일어난다. 나는 고객에게 계약 이행을 강요하는 데 너무 집착한 나머지 관계를 완전히 망치는 사업자를 많이 접한다.

분쟁이 발생해도 대면 소통으로 해결할 수 있을 때가 많다. 고객이 약속대로 하고 있지 않다는 소식은 관계에 말썽이 났다는 첫 번째 신호다. 그 경우 따로 시간을 내서 문제 해결에 나서야 한다. 또한 이미 망가진 관계를 계약서가 구하지는 못한다. 계약의 목적은 모두의 역할과 의무를 명백하게 규정하는 것이다. 하지만 궁극적으로 헌신을 이끌어내는 것은 법적 조치의 위협이 아니라 인간관계의 힘이다.

가장 창의적이고 수익성 있는 비즈니스 거래는 대개 계약서에서 벗어나 있다. 비즈니스 관계도 여타 대인 관계와 비슷하다. 늘 역동적으로 변화한다. 그렇다고 서면 계약이 불필요하다는 말은 아니다. 다만 관계에 있어서 계약서는 부차적인 것이라는 뜻이다. 부디 계약이 곧 거래라고 가정하는 실수를 범하지 말자. 진짜 거래는 관계다. 비즈니스 관계를 잘 유지하면 서류상의 내용에 대해 그렇게까지 전전긍긍하지 않아도 된다.

6. 직감을 따른다

혹시 사업의 근본적인 추진 요인이 논리라고 생각하는가? 이는 잘못된 생각이다. 오히려 모든 비즈니스 거래에 냉철한 논리를 앞세우고 직관을 무시한다면 결코 부유해질 수 없다. 그냥저냥 하겠지만 큰일을 이루지는 못 한다.

알고 보면 인간은 생각만큼 논리를 즐겨 이용하지 않는다. 매사 논리적인 결정을 내릴 만큼 충분한 데이터 자체가 없다.

왜일까? 비즈니스 거래는 인간이 하는 것이고, 우리에게는 인간 행동을 정확하게 예측할 논리체계가 없기 때문이다. 특정 상황에서 타인이 어떻게 행동할지는 예측이 불가능하다. 이런 상황에서 논리는 도구가 되지 못한다. 대신 직관이 그 공백을 채워야 한다.

육감이 경고음을 울린다고 해서, 수치로 따졌을 때 돈이 될 법한 거래를 거절하기란 쉽지 않다. 하지만 내 경험상 나중에 내 직관이 옳았다는 증거를 마주하게 경우가 적지 않았다. 직관적 사고는 비즈니스 의사결정 과정에서 가장 중대한 자질이다. 비즈니스 거래는 관계에 달려 있기 때문에, 고려 중인 거래 관련자들을 두루 읽을 줄 알아야 한다. 만약 상대에게서 나쁜 느낌을 받았다면 발을 빼고, 좋은 느낌을 받았다면 진행하자.

7. 격식을 차리지 않는다

비즈니스에서 어느 정도 격식을 갖추는 것이 바람직할 때가 있다. 하지만 대개의 비즈니스 상황에서는 과한 격식이 오히려 독이 된다. 비즈니스 관계는 개개인이 서로 돈독하게 연결돼 있을 때 가장 잘 작동한다.

나는 비즈니스 관계를 처음 맺을 때조차도 너무 격식을 차리는 것은 좋지 않다고 생각한다. 얼굴 없는 기업이나 단체와 친분을 맺을 마음이 생길 사람은 없다. 사람은 결국 사람끼리의 관계를 원한다. 비즈니스 관계를 친구 관계나 잠재적 친구 관계처럼 생각하자. 딱딱한 격식은 벽을 세운다. 좋은 비즈니스 관계를 구축하려면 있던 벽도 허물어야 한다. 격식을 따지면 지루하고 따분해진다. 고객에게 당신의 존재가 인내의 대상이 되어서는 안 된다. 인간미와 유머 감각을 보여주는 것이 좋은 인연을 얻는 지름길이다.

초보 사업가 중에 너무 진지한 태도를 고집하는 사람들이 꽤 있다. 그들은 뻣뻣하고, 딱딱하고, 부자연스러운 처신을 사업가의 면모로 생각하는 듯하다. 하지만 그런 행동은 어색하고 불편한 분위기를 조성할 뿐이다. 이에 따라 고객이 당신과 거래하는 것을 꺼리게 될 수 있다. 당신의 개성을 드러내는 것을 두려워하지 말자. 허심탄회한 대화는 긴장을 해소한다. 무엇보다, 당신을 인간적으로 좋아해서 당신과 일하기를 원하는 고객들을 확보하면 일이 훨씬 즐거워진다. 그러니 자신의 진짜 모습을 보여주는 것을 두려워하지 말자.

8. 돈보다 가치 창출에 목적을 둔다

빠지기 쉬운 함정이 있다. 그것은 비즈니스의 목적을 돈벌이로 생각하는 것이다. 서두의 말을 다시 반복한다. 중요한 것은 돈이 아니다. 나는 이 말을 이미 여러 번 했고, 지금의 맥락에도 여지없이 적용된다. 비즈니스의 진짜 목적은 가치 창출이다. 사업을 단기적으로 본다면 가치 창출 없이도 돈을 벌 수 있을지 모른다. 하지만 장기적으로 볼 때 가치 창출 없는 사업은 지속가능성도 없다.

비즈니스는 당신과 고객 양방에게 일정 종류의 가치를 제공해야 한다. 제공하려는 가치에 대한 이해가 분명할수록 당신이 원하는 고객이 누구인지도 분명하게 정의할 수 있다. 어떤 가치를 제공할지에 대한 생각이 분명치 않은 사업주가 너무나 흔하다. 그들은 그저 제품을 판매하고 돈을 많이 벌고 싶어 할 뿐이다. 하지만 세상은 더 많은 제품을 원하지 않는다. 세상은 항상 진정한 가치 창출을 원한다. 따라서 거기가 당신이 노력을 기울여야 할 곳이다.

가치 창출이 지속 가능한 비즈니스의 필수 조건이지만, 유일하게 중요한 조건은 아니다. 당신의 가치를 효율적으로 전달하는 방법을 찾는 것도 필수다. 첫 시도는 희망했던 대로 풀리지 않을 가능성이 크다. 자신의 가치를 창출하고 전달하려 노력하며 많은 시간과 비용과 에너지를 쓰게 될 것이다. 하지만 그것은 좋은 일이다. 배우는 과정이기 때문이다. 많은 사업체가 시작 단계에 여러 시행착오를 거친다. 하지만 그 과정에서 실력이 붙고 능률이 쌓인다. 당신도 그렇게 될 것이다.

비즈니스를 성공적으로 구축하는 것은 쉽지 않다. 공든 탑을 쌓는 일임을 이해하자. 동시에 엄청난 성장 경험이기도 하다. 때로 당신은 지름길을 바라지만, 지름길이 따로 있는 것이 아니다. 교훈을 배우고 경험을 얻을 때마다 그것이 부를 향한 경로에서 당신의 등을 힘껏 밀어준다.

부의 마인드셋을 기르는 법칙

❻

✦ 남들이 하지 않을 것을 하고, 남들이 의심하는 것을
믿고, 경로 유지에 헌신한다.

✦ 나와 비슷한 마인드셋을 가진 사람들과 어울린다.

✦ 부유해지기 위해서는 먼저 그렇게 되겠다는 결정을
내려야 한다.

✦ 신념을 세운 다음에는 그것의 실현을 위한 행동을
단행한다.

✦ 타고난 승자도, 타고난 패자도 없다.

✦ 재능만으로는 결코 노력을 대체할 수 없다.

✖

시작하는 방법은, 말을 멈추고 행동에 나서는 것이다.

–

월트 디즈니

· 7장 ·

부의 줄기를
단단하게 가꾸자

인간은 습관의 동물이다. 이 사실은 단순하게는 우리가 자주 가는 식당의 종류와 수, 복잡하게는 우리가 만나는 연인이나 친구만 보아도 쉽게 드러난다. 우리는 종종 패턴을 바꾸기로 결심하지만, 얼마 안 가 다시 기존 패턴으로 빠져들 뿐이다. 실질적인 변화는 강력하고 지속적인 헌신이 있어야 한다.

헌신과 보상 사이에는 반박의 여지 없는 상관성이 존재한다. 큰 목표를 달성하기 위해서는 많은 노력이 필요하다. 노력이 평균적이면 보상도 마찬가지일 것이다. 하지만 어떤 사람들은 바로 그 이유로 큰 목표에 겁을 먹는다. 많은 노력이 필요한다는 이유로.

목표는 언제나
비현실적이어야 한다

✜

앞장에서 논했듯, 돈은 그저 교환의 매개물이다. 돈은 사람을 바꾸지 않는다. 돈은 그 사람의 원래 성향을 더 두드러지게 보여줄 뿐이다. 돈은 좋은 사람을 위대한 사람으로 만들고, 나쁜 사람을 끔찍한 사람으로 만든다. 만약 당신이 좋은 사람이라면, 당신이 부자가 되는 것은 당신에게만 좋은 일이 아니라 남들에게도 좋은 일이 된다. 주변 사람들의 삶을 개선하고 세상에 보탬이 되기 위해서라도 당신은 스스로 부를 추구해야 한다. 가진 것이 없으면 베풀고 싶어도 베풀 수가 없다. 그러나 불행히도 많은 사람이 마치 뱁새가 황새를 쫓듯 급급해서 당장 얻을 수 있는 것을 위해 진정한 부를 희생한다.

자신을 주변 사람들과 비교하는 것은 인지상정이다. 우리 대부분은 평균의 태도를 지니고 산다. 따라서 자신의 생활양식을 친구, 이웃, 부모·형제에게 비해 크게 손색없는 범위에 두려고 한다. 하지만 이런 태도의 패착은 우리가 자신을 남들과 비교함으로써 자신을 제한한다는 것이다.

우리는 마음속에 '가능성'보다 '획득 가능성'의 관념을 만든다. 그래서 목표를 세울 때 자신이 획득할 만한 것을 먼저 정한 다음, 그 제한적인 목표를 달성하기 위한 단계를 밟는다. 좋은 예가 있다. 흔히 사람들은 목표를 잡을 때 은행 계좌와 지난해 손익계산서를 참고한다. 이는 자신이 버는 정도, 다시 말해 예측할 수 있는 벌이를 보여준다. 사람들은 거기서 조금 올려 잡아 그것을 목표로 설정한다.

이 목표는 지난해의 수입에서 겨우 5~10퍼센트 늘어난 정도일 것이다. 문제는 당신이 이 목표를 달성하느냐가 아니다. **달성은 한다! 어쩌면 바로 그게 문제다. 목표가 애초에 너무 한정적이었다. 자신이 진정으로 원하는 것이 무엇인지 숙고하는 대신, 가시권에 있는 목표에 이르기 위한 일련의 자잘한 단계에 자신을 욱여넣은 것이 문제다. 이는 작은 목표이기 때문에 적은 노력이 필요할 뿐이고, 따라서 당신을 앞으로 밀어주지 못한다.**

이런 '비교 역설'은 비즈니스 영역에서도 자주 발생한다. 모든 기업의 임원은 매년 다음 해 매출 예측에 들어간다. 그들은 아마 목표치를 올해 매출보다 5~10퍼센트 높게 잡을 것이다. 이는 지극히 낮은 목표다. 하지만 그들은 최소한의 노력으로도 달성이 분명한 목표를 원한다. 한편 이사회나 기업주는 대개 매출 30퍼센트 이상 증대라는 훨씬 공격적인 목표를 요구한다. 그러다 반발에 부딪혀 20퍼센트로 물러난다. 이쯤 되면 목표라기보다 예상이다. 그들은 업계 1위가 되기 위해 분투하는 대신 그저 전년의 실적을 넘어서는 데 역점을 둔다. 그리고 20퍼센트 증대가 그들의 최대치이자 최선이 된다. 만약, 설사 매출 100퍼센트 상승을 뜻한다 해도 업계 1위를 목표했다면 어땠을까? '달성 가능한' 한계를 정하는 일은 시도도 해보기 전에 가능성을 제한한다.

비교 역설의 함정은 우리가 목표를 세워 진전을 이루고 있다는 헛된 믿음을 준다는 데 있다. 이는 우리 마음에 평화를 준다. 하지만 실제로는 자기 자신의 미리 결정된 결과에 한정하고 내면의 진정한 잠재력을 스스로 막는 것과 같다. 그리고 끝없는 안주의 패턴을 만든다. 우리는 큰 노력 없이 달성할 수 있는 사소한 목표를 세우고, 그 목표를 달성하면 후속으로 더 사소한 목표를 세운다. 이 패턴은 안도감을 준다. 하지만 우리는 결국 이 순환 패턴에 고착되고, 느린 진전에 좌절하고, 문제 타개의 빛을 보지 못한 채 헤매게 된다.

이 상황의 최대 문제는 큰 목표를 대할 때 겪는 회의적 반응이다. "우리는 지금도 너무나 바쁜데 어떻게 지금보다 몇 배나 높은 목표를 달성할 수 있겠어?" 이 상황에 빠진 사람들에게 시급한 것은 우선순위 파악이다. 자신의 인생에서 에너지만 잡아먹고 생산은 없는 일은 모조리 솎아내야 한다. 어떤 과제가 됐든 시간이 많이 드는 과제는 중요한 과제로 인식되는 경향이 있다. 또한 어떤 과제는 주어진 시간이 소진될 때까지 좀처럼 끝나지 않는 경향도 있다. 이런 경향을 '파킨슨의 법칙'이라고 한다. 하지만 생각해보라. 터무니없이 짧은 기한을 받았지만, 무사히 마감했던 적이 꽤 있을 것이다. 짧은 기한은 집중도와 생산성을 높인다. 우리가 선택하면 훨씬 더 자주 그렇게 할 수 있다. 마음먹기에 따라 프로젝트 기간을 압축할 수 있다. 다만 집중을 요할 뿐이다.

이때 매일 과제 목록을 작성하는 것이 크게 도움 된다. 과제를 끝낼 때마다 하나씩 지워나가며 주의가 흩어지고 집중이 느슨해지는 것을 막을 수 있다. 스스로 동기를 부여하고 시간 낭비성 습관을 피하는 자율성이 자영업과 부의 초석이다.

실패의 쳇바퀴에서
벗어나려면

✤

누구나 살면서 때때로 변화를 결심한다. 그것이 금연 결심일 수도 있고, 중단했던 학업을 다시 잇는 결심일 수도 있다. 당신은 그것이 좋은 방향의 변화라는 것을 알기에 거기에 매진하기로 다짐한다. 하지만 6주쯤 지나면 어느덧 그 다짐을 잃어버리고 이전의 습관으로 돌아간 자신을 발견하게 된다.

우리의 패러다임과 통념은 뿌리가 몹시 깊다. 따라서 단지 변하고 싶다는 다짐만으로는 충분하지 않을 때가 많다. 심지어 확약도 충분하지 않다. 나는 우연히 브리검영대학에서 1993년에 수행한 연구를 본 적이 있다. 사람들이 변화를 다짐하는 진술과 그들이 실제로 변화할 가능성을 비교한 연구였다. 그 결과는 다음과 같았다.

✤ **"좋은 생각이야"**라고 말한 사람들의 경우, 변화를 만들 가능성이 **10퍼센트**밖에 되지 않았다.

✤ **"그 일을 할 거야"**라고 약속한 사람들의 경우, 변화를 만들 가능성이 **25퍼센트**에 불과했다.

Bob Proctor

✤ 그것을 **언제 할지** 말한 사람들의 경우는 변화를 만들 가능
성이 **40퍼센트**였다.

✤ 어떻게 할지에 대해 **구체적인 계획을 세운** 사람들의 경우
는 변화를 만들 가능성이 **50퍼센트**였다.

✤ **다른 사람에게 그것을 하겠다고 약속한** 사람들의 경우는
변화를 만들 가능성이 **60퍼센트**였다.

✤ 자신의 **진행 상황을 다른 사람과 공유할 시점을 정한** 사람
들의 경우는 변화를 만들 가능성이 **95퍼센트**였다.

이 연구는 책임을 지는 것이 실천에 얼마나 강력한 효과를
내는지 보여준다. 책임감은 자신이 하겠다고 말한 것에 대한
실천 가능성을 대폭 증대한다. 이것이 코치나 멘토를 두는 것
이 유리한 이유다. 그들은 당신에게 약속을 지킬 것을 종용하
고, 당신이 기대에 미치지 못하면 책망의 질문을 던진다.

우리는 너무 자주, 너무 쉽사리 자신을 면책한다. 호시탐탐
그만둘 핑계를 찾고 논리를 만들어낸다. 당신에게 책임을 물을
만큼 당신의 목표 달성을 믿어줄 사람을 찾으려면 얼마간 수고
를 해야 하겠지만, 충분히 가치 있는 수고다. 내가 사람들에게
자주 하는 조언 중 하나가 그룹의 일원이 되라는 것이다. 비슷

한 목표와 포부를 가진 두 명 이상이 모여 공동 성장을 도모하는 그룹의 구성원이 되어보자. 나는 이런 그룹을 '마스터마인드 그룹'이라고 부른다. 정기적으로 만나 진행 상황을 공유하고 서로를 성원하는 모임이 있다면 책임감이 절로 생긴다. 때로는 동지의 유무가 성공과 실패의 차이를 의미한다.

많은 경우 마스터마인드 그룹에 가입한다는 생각 자체가 진정한 출발이 된다. 출발이 없으면 진전도 없다. 당신이 혼자서 백만장자가 될 수 있었다면 이미 백만장자가 되어 있지 않을까? 타인의 손길이 필요하면 망설이지 말고 도움을 받기를 권한다. 예기치 못한 일에 봉착했을 때 신속히 방법을 배우고 유용한 자원을 확보할 최선의 길이 될 수 있다.

월급쟁이 패러다임에서
벗어나라

❖

아마도 '직장인 패러다임'이 우리가 가장 극복하기 어려운 패러다임일 것이다. 또한 다른 무엇보다 이것이 백만장자 지망생의 발목을 많이 잡는다. 사람들은 심기일전해서 새로운 비즈니스를 시작했을 때조차 창업했다기보다 스스로 고용했다고 생각하는 경향이 있다. 아직도 수동 소득의 기본 원칙을 제대로 이해하지 못해서 그렇다. 직장을 구해서 자기 시간을 남의 돈과 맞바꾸며 사는 것이 좋은 생각처럼 보일 수도 있다. 실제로 사람들 대다수가 당신에게 그렇게 말할 것이다. 하지만 시간은 당신이 가진 자원 중 유일하게 재생 불가한 자원이다. 당신이 가진 가장 값진 상품을 소정의 금액에 넘기는 것은 끔찍하게 비생산적인 일이 아닐 수 없다.

직장인은 일을 하는 동안만 돈을 받는다. 그렇게 일하는 만큼만 벌어서는 진정한 부를 창출하기 어렵다. 반면 수동 소득은 24시간 내내 발생하는 수입이다. 노동 시간과 비례하지 않는 소득을 창출하는 시스템이다. 밥 먹고, 잠자고, 휴가를 즐기는 동안에도 돈이 들어온다고 생각해보라. 얼마나 멋진 일인가. 씨앗을 심어놓으면 당신이 옆에서 지키고 있지 않아도 나무가 자라는 것과 같다. 당신이 보고 있지 않아도 강이 흐르는 것과 같다. 돈에도 같은 능력이 있다.

주당 40시간 근무 원칙은 임의적 발상에 불과하다. 날조된 헛소리일 뿐이다. 일주일에 몇 시간을 일하든 무슨 상관인가? 내가 이 책을 쓰는 데 1년이 걸렸다고 치자. 이 책이 6개월 만에 쓴 책보다 두 배의 가치가 있다고 생각하는가? 당연히 그렇지 않다. 당신이 사람들에게 가치 있는 것을 제공하기만 하면, 사람들은 당신이 그것을 생산하기 위해 얼마나 오래 일했는지는 신경 쓰지 않는다.

누구나 지속해서 발생하는 소득원을 만들고 싶어 한다. 방법은 여러 가지다. 거기에는 창업, 웹사이트 운영, 투자 소득, 창작물의 저작권 수입, 네트워크 마케팅, 제휴 프로그램 등이 포함된다. 이런 소득원들은 사람들에게 끊임없이 가치를 전달하고 수입을 창출한다. 가장 좋은 점은 노동을 투입하지 않아도 일어나는 소득, 즉 수동 소득을 낸다는 것이다. 일단 가동에 들어가면 이런 소득원은 당신이 옆에 붙어 있지 않아도 계속해서 돌아간다. 일단 하나 또는 여러 줄기의 수동 소득 흐름을 보유하게 되면, 당신은 더 이상 소득 유지에 급급하지 않아도 된다. 시간의 대부분을 기존 소득원을 정비하거나 다른 소득원을 발굴해서 소득을 증대하는 데 보낼 수 있다.

인터넷은 수동 소득 창출을 원하는 사람들에게 기회의 땅이다. 구축하고 운영하는 데 얼마간의 시간이 들겠지만, 높은 가치를 기반으로 한 웹사이트는 독자들에게 유용한 정보와 조언을 제공하면서 매달 수천 달러를 벌어들인다. 도메인 등록은 상대적으로 저렴하고, 사이트 운영에 필요한 도구들(블로그 등)은 별로 비용이 들지 않는다. 처음부터 수천 달러가 들어오진 않겠지만, 착수 비용을 제외한 모든 것이 순이익인데 밑질 것이 뭐란 말인가?

사람들에게 가치 있는 것을 제공하기 위해 반드시 에디슨이 될 필요는 없다. 주위를 둘러보고, 성공 사례를 찾아보자. 그리고 확실해 보이는 것을 선택하자. 일단 시작하면 생계를 위해 하루의 대부분을 몸 바쳐 일할 필요가 없다. 남는 시간은 다른 비즈니스를 구상하는 데 이용할 수 있다. 가장 먼저 서점에 가볼 것을 권한다. 그곳에는 남들이 이미 설계하고, 테스트하고, 효과를 입증하고, 가용성 높은 방법을 담은 책들로 가득하다. 태어날 때부터 창업 노하우나 투자이익 창출 방법을 아는 사람은 없다. 하지만 누구나 쉽게 배울 수 있다. 더구나 사방에 교재가 널려 있다.

꼭 첫 스윙에서 장외 홈런을 쳐야만 성공한 것이 아니라는 점을 기억하자. 성공은 '모 아니면 도'의 문제가 아니다. 당신의 첫 번째 시도가 한 달에 몇백 달러밖에 벌어들이지 못해도, 그것은 옳은 방향을 향한 중요한 걸음이다. 이 결과가 당신이 할 수 있는 전부나 최선을 의미하는 것은 아님을 명심하자. 그저 첫 단계일 뿐이다.

    우리는 직장 생활이 돈을 버는 최선의 방법이라고 교육받았고, 그 영향 때문에 개인 사업을 하려면 반드시 경험과 노하우가 있어야 한다는 생각에 집착한다. 이는 사실과 거리가 멀다. 우리는 매일 살아가면서 다양한 교훈과 영감을 얻는다. 다름 아닌 이것이 경험이다. 우리는 이를 소득 창출을 포함해 삶의 여러 분야에 적용할 수 있다.

    직장에서 얻는 경험은 동일 직종의 일을 하는 경우에만 이용할 수 있다는 것이 문제다. 직종이 바뀌면 경험의 대부분은 무용지물이 된다. 또한 대개의 직장인은 처음에는 상당히 많은 것을 배우지만, 일정 기간이 지나면 새로 습득하는 것 없이 항상 같은 일을 반복한다. 이런 반복 순환은 정체감과 좌절감을 부른다. 이것이 직업 불만족의 주요 원인 중 하나다. 반면 자신에게 특화한 창의적 소득원은 정신을 고무하고 삶의 의욕을 진작한다.

    직장 환경은 열정 결핍을 부르기 쉽다. 그 뒷배경에는 고압적인 상명하복의 직장 문화가 존재한다. 자리마다 쳐진 회색 칸막이들은 애초에 누구의 발상이었을까? 이는 고무적이고 효율적인 작업을 위한 최적의 환경과는 거리가 멀다. 솔직히 보기만 해도 우울하다. 매년 쥐꼬리만 한 급여 인상을 바라면서 상사에게 성과 평가를 받는 것도 모욕적이다. 당신의 시간이 얼마의 가치가 있는지 누가 정할 수 있는가? 무엇보다, 어째서 끝없이 당신의 가치를 증명하며 보잘것없는 보상을 구걸해야 하는가?

두려움은 때로 강한 힘을 발한다. 특히 직장이라는 심리적 안전망을 떠난다고 생각하면 두렵기 짝이 없다. 하지만 사실 그 안전망은 우리의 주입된 인식에만 존재한다. 언제든 해고통지서를 받을 수 있는 곳에 진정한 안전이란 없다. 그런데 만약 당신에게 누구도 막거나 끊을 수 없는 소득원이 하나 이상 있다면? 그렇다면 당신은 자신의 운명을 완전히 자신의 통제 속에 둘 수 있게 된다. 당신의 승인 없이는 누구도 그 통제권을 가져가거나 규칙을 바꿀 수 없다. 통제권 없는 안전은 없다. 피고용인은 그 누구보다 통제권이 없는 사람들이다.

당신의 직업은
당신이 아니다

✣

비합리적이거나 무능한 상사를 겪어본 적이 많을 것이다. 아니면 사내 정치 때문에 좌절했던 적은 없는가? 어째서 업무 능력도 떨어지고 성격도 나쁜 직원이 나보다 먼저 승진하는지 궁금했던 적은? 피고용인으로 사는 것은 스트레스의 연속이다. 월요일이 두렵고 금요일만 기다려진다. 그들의 생활은 스스로 영향을 미칠 수도, 통제할 수도 없는 힘에 휘둘린다.

창의성을 발휘할 기회가 부족할수록 기운이 꺾인다. 여기서 오는 이런 스트레스는 몸과 마음에 심각한 독이 된다. 그 독은 삶과 정신을 피폐하게 하고, 쓸모없는 인간이 된 듯한 자괴감을 안긴다. 이것이 직장인들이 직장 생활을 '징역살이'라고 부르는 이유다. 생각해보자. 많은 사람이 직장 생활을 형벌로 묘사하는 것은 매우 의미심장하다. 직장인들은 죄수가 된 기분으로 살고, 직장 환경은 실제로 사람들에게 감옥과 비슷한 영향을 미친다. 많은 직장인이 수감자처럼 제도의 지배를 받아서 자신이 아는 세상 밖에도 삶이 존재한다는 것을 쉽게 받아들이지 못한다.

이 현상을 더욱 첨예하게 만드는 것은 수많은 사람에게 직장이 사회생활의 중심이자 전부라는 사실이다. 직장이라는 사회관계망을 떠나는 일은 마치 가족을 떠나는 것 같은 타격을 준다. 직장인들은 좋거나 나쁜(대개는 나쁜) 경험을 공유하며 서로 간에 공통점이 너무나도 많아지고, 급기야는 같은 회사에 소속되지 않은 사람들과는 대화조차 어려울 정도가 된다. 이런 유대를 깨고 홀로서기를 한다는 것은 단지 겁나는 수준을 넘어서 무리를 떠난 양이 된 기분을 느끼게 한다. 어떤 면에서는 기분이 아니라 사실이다. 무리의 패러다임과 뿌리 깊은 믿음들을 버리는 일이기 때문이다. 이런 변화에 준비가 되어 있지 않은 사람들은 금세 다시 직장인의 삶으로 돌아간다.

하지만 무의미한 규정으로 가득한 직장 환경에 자신을 꿰맞추는 것이 진정 바람직할까? 대개의 직장 생활을 지배하는 사규 목록은 너무 복잡하고 장황해서 그것을 해독하는 데 학위가 필요할 정도다. 그 세상에 이미 적응해버린 사람들은 그런 종류의 규제와 지배구조가 존재하지 않는 곳을 좀처럼 상상하지 못한다. 그들은 누군가 자신에게 무엇을 입고 어떻게 말할지 간섭하고, 보고하라는 명령을 내리며 책상에 어떤 사진을 붙여놓을지 감독하는 환경을 떠나서도 생계를 꾸릴 수 있다고 생각하지 않는다. 그러나 이런 문화에서 탈출한 사람들은 많은 이가 그 문화를 안전하고 올바른 인생행로로 본다는 사실에 할 말을 잃는다. 하지만 기존의 패러다임과 사회관계망을 유지하려는 욕구는 현재 패턴에서 탈출하는 데 지극히 어렵게 만든다.

당신이 현재에 만족하는 직장인이라면, 내 말에 부정적으로 반응할 가능성이 높다. 하지만 당신의 저항감 역시 패러다임의 작용이다. Y인자가 당신의 X인자에 들이받힌 것이다.

내 말이 사실이라는 것을 당신도 내심 어느 정도는 알고 있다. 그렇지 않다면 당신은 애초에 감정적인 반응은 물론이고 어떠한 종류의 반응도 하지 않았을 테니까. 아마 모든 일이 점진적으로 일어나 당신이 인식하지 못하는 사이에 지금의 생활에 길들었을 것이다. 당신은 일종의 전반적 심리 마비 상태에 있는 셈이다.

내 말이 당신을 화나게 한다면 좋은 일이다. 분노는 냉담보다 훨씬 강렬한 감정이다. 마음이 마비된 것보다는 화를 내는 게 명백히 낫다. 어떤 감정도, 심지어 두려움조차도 무감각한 것보다는 낫다. 이런 감정을 거쳐 진실을 마주하려 노력한다면, 당신에게도 곧 변화할 용기가 생길 것이다.

소득을 얻는 방법은 시간 제공이 아니라 가치 제공이어야 한다. 남들에게 가치를 제공하고, 거기에 합당한 가격을 요구할 방법을 찾아야 한다. 당신이 직면할 최대 장애 중 하나는 다음과 같다. 바로 남에게 제공할 가치를 찾지 못하는 것이다. 이 장애를 만나면 다른 사람 밑에서 일하는 게 자신이 할 수 있는 최선이라는 생각이 들 수 있다. 자신이 무가치하게 여겨질 수도 있다. 하지만 이런 생각 패턴은 당신에게 내재한 직장인 패러다임의 잔재일 뿐이다. 터무니없는 헛소리다. 삶의 목적에 집중하고 꿈을 시각화하자. 당신에게는 세상에 엄청난 가치를 제공할 역량이 있다. 사람들이 그것을 위해 기꺼이 금전적 대가를 지불할 것이다. 당신이 이 진실을 곧 깨닫지 못한다면 그 이유는 딱 하나밖에 없다. 바로 두려움이다.

당신의 직업은 당신이 아니다. 그것은 당신이 진정 누구인지도, 당신이 세상에 무엇을 제공할 수 있는지도 정의하지 못한다. 당신의 진짜 가치는 당신의 직업이 아니라 당신이 먹은 마음에 기반한다. 당신이 해야 할 유일한 일은 본심을 세상에 표현하는 것이다. 당신은 본심을 드러내는 것은 비생산적이며, 자기가 하고 싶은 일로 돈을 벌기는 어렵다는 생각에 익숙할 것이다. 하지만 그것을 해낼 용기를 내기 전까지는 진정한 행복과 성취감을 영영 알 수 없다. 자기 내면의 지혜를 믿는 법을 배우자. 설사 세상 전체가 당신이 틀렸다고 말하더라도. 저들이 무엇을 알겠는가? 당신의 마음을 당신보다 잘 아는 사람은 아무도 없다. 세월이 흘러 당신이 산 정상에 우뚝 서서 뒤를 돌아볼 때 오늘의 결정이 최고의 결정이었다는 것을 알게 될 것이다.

기존의 통념이 틀렸다는
8가지 증거

✣

자영업에 대한 오해가 많다. 흥미로운 것은 그런 오해의 대부분이 한 번도 독자적으로 일해본 적이 없는 사람들에게서 나온다는 것이다. 다시 말하지만, 대중이 믿는 패러다임은 현실과 거리가 멀다. 나는 기회가 있을 때마다 자영업의 진실에 대해 말한다. 많은 사람이 다르게 알고 있기 때문이다. 아래의 내용을 통해 일부일지라도 자영업에 대한 엉터리 신화를 불식하고, 자영업의 실제 상황을 공유하고자 한다.

1. 장시간 일할 필요가 없다

자유직 중에는 직장인보다 근무 시간이 긴 사람이 많다. 하지만 그들이 길게 일하는 이유는 대부분 자기 일에 의욕적이기 때문이다. 자신의 목적을 알고 날마다 목표 달성에 집중하는 것을 사무실 칸막이 뒤에 앉아 몰래 딴전을 피우며 퇴근 시간을 기다리는 것과 비교할 수는 없다. 자기 일을 하는 사람은 열정 넘치고, 생산 의지에 불타고, 매일 마주하는 일에 신명 나게 임한다. 이들은 연장 근무를 꺼리지 않는다. 그 시간에 대한 보상이 상사나 사장, 이름도 얼굴도 모르는 주주가 아니라, 자신에게 돌아올 것임을 알기 때문이다. 이들의 업무 환경에서 가장 멋진 점은 융통성이다. 근무 시간의 탄력성만으로도 자영업은 정시에 출퇴근하는 일자리보다 훨씬 가치 있다. 장시간 근무를 좋아하지 않는 사람은 굳이 일에 오래 붙들려 있지 않아도 된다.

2. 스트레스가 줄어든다

사람들에게 극심한 스트레스를 주는 것 중 하나가 기본 생활비를 벌지 못하는 상황이다. 그렇지만 자영업의 유연성과 자율성을 감안할 때, 자영업의 스트레스가 사실상 정규 고용직의

스트레스보다 훨씬 적다. 이유는 다음과 같다.

+ 일할 시간과 장소를 내가 선택한다.
+ 함께 일할 사람들을 내가 선택한다.
+ 휴일과 휴가를 내가 결정한다.
+ 내가 하는 모든 일에 대한 최종 결정권이 나에게 있으며, 남이 만들어낸 정책이나 절차에 따를 필요가 없다.
+ 성과 평가, 수습 기간, 휴가 신청 따위가 없다.
+ 급여 인상 시기와 나의 가치는 내가 하기에 달려 있다.
+ 내가 내 삶에 대한 통제권을 가지며, 어떤 경로를 선택할지도 내가 결정한다.

3. 안정적인 소득원을 얻는다

1990년대에 벤처 창업 붐이 일면서 많은 사람이 아무 자본 없이 IT 기업과 소프트웨어 회사를 시작했다. 그들은 몇 년 동안 회사를 키운 다음 수백만 달러에 팔아치웠다. 이 세태는 돈을 왕창 벌려면 회사를 팔아야 한다는 생각을 낳았다. 물론 이렇게 단기간에 키워서 매각하거나 상장할 용도로 사업을 시작할 수도 있지만, 오랜 기간 안정적인 소득원이 되어줄 사업을 일굴 수도 있다. 수동 소득 개념은 이런 유형의 사고에 기반한다. 한 번에 여러 사업체를 소유하고 모두에서 돈을 벌어들이는 방법도 있다.

우선 자신이 어떤 종류의 사업을 원하는지 결정하자. 원한다면 제2의 빌 게이츠가 되지 말란 법도 없다. 어디에도 엄격히 정해진 규칙은 없다. 그것이 어떤 종류의 사업이고 어떤 유형의 현금 흐름을 만들어내는지는 중요하지 않다. 중요한 것은 그것이 당신을 산 정상에, 당신이 원하는 삶에 올려놓아야 한다는 것이다. 자영업을 하면 당신은 무엇이든 자유롭게 선택할 수 있다. 그리고 그 선택은 여러 다양한 기회의 문을 연다.

4. 다각화가 가능하다

자영업의 위험 대비 보상을 놓고 논란이 분분하다. 결론부터 말하자면 인간은 자신이 통제력을 가질 때 안전감을 느낀다. 자유직은 자기 소득에 대해 직장인보다 훨씬 강한 통제권을 가진다. 정규직이라고 해서 소득 안정성이 보장되지는 않는다. 자유직이 되면 누구도 당신을 해고하거나 강제로 휴직하게 할 수 없다. 또 급히 가욋돈이 필요할 때 직장인은 이를 마련하기가 쉽지 않지만, 비즈니스의 자산 전체를 관장하는 사업주라면 필요에 따라 자원을 전용해서 수입을 늘릴 수 있다. 또한 자유직은 자기 사업을 다른 영역이나 분야로 다각화할 수 있다. 그 경우 하나의 소득 줄이 줄어들거나 사라져도 다른 줄기들이 거기에 영향을 받지 않고 소득을 창출한다. 피고용인의 운명은 고용주 한 명의 처분에 달려 있고, 그 고용주는 아무 때나 당신의 일자리를 없앨 수 있다.

5. 내 고객을 내가 선택할 수 있다

직원은 좋든 싫든 고용주의 고객들을 상대해야 한다. 많은 기업이 여전히 '고객은 왕이다!'라는 생각을 영업 기조로 삼고 있다. 하지만 당신도 나도 이것이 사실이 아니라는 것을 안다. 매사 공짜를 바라는 고객이 있는가 하면, 불평할수록 더 많은 관심과 더 나은 서비스를 받을 수 있다고 믿는 고객도 있다. 하지만 자유직이면 당신의 시간을 낭비하는 고객은 상대하지 않을 선택권을 가질 수 있다. 어떤 고객은 사실 없는 것이 낫다.

당신은 언제든, 그리고 누구든 거부할 수 있다. 당신이 대장이니까. 위협적이거나 모욕적인 언동을 하는 고객을 참을 이유가 없다. 실제로 어떤 업장에서는 진상 고객일수록 많은 보상을 받기도 한다지만, 당신은 그런 불합리를 허용할 필요가 없다! 규칙은 오로지 당신이 만든다. 당신을 함부로 대할 특권이 있는 것처럼 구는 사람들과 거래할 이유가 없다. 그런 사람들은 당신에게 도움이 되지 않는다. 그런 사람들이 좋은 고객을 끌어올 리도 없다.

6. 더 멋진 인맥을 만들 수 있다

앞서 나는 많은 이가 직장인으로서 쌓은 사회관계망을 떠나는 것을 두려워한다고 말했다. 하지만 만약 다른 직장인들과 어울리는 것이 당신이 하는 일의 전부라면, 그것이 당신의 앞날에 크게 도움이 될까? 내가 만나는 사람들의 절대다수는 자유직이고 부의 창출에 관심이 있다. 자유직이 되기로 선택한다면, 당신은 자연히 당신에게 도움이 되고 당신과 생각이 같은 사람들과 새로운 네트워크를 형성하게 될 것이다. 자유직은 회사에 놀러 왔느냐고 질책받을까 눈치 볼 일 없이 업무 시간 중에 인적 네트워킹에 힘쓸 수 있다.

자유직이라 해서 고립감이나 외로움을 느낄 이유가 없다. 오히려 새롭고 끈끈한 관계 구축이 더 중요해진다. 새로운 관계가 이전 관계보다 견고하다는 것을 느끼게 될 것이다. 이제 당신과 함께하는 사람들은 에너지 넘치고, 긍정적이고, 의욕적인 사업가들이 아닌가. 이제 모였다 하면 상사나 인사팀 험담을 하는 날들은 끝났다. 이제 당신은 사람들과 모이면 다함께 당신의 전진을 돕고 더 많은 돈을 벌게 해줄 아이디어를 이야기한다.

또한 자영업은 가족·친지나 지인들과 더 자유롭게 왕래하고 교제하게 해준다. 더는 방문 일정을 연휴나 주말에 맞출 필요가 없다.

7. 복잡하게 일할 필요가 없다

자유직이라고 해서 사업에 필요한 일을 모두 혼자 해야 하는 것은 아니다. 모든 것이 제대로 굴러가는지 확인할 책임이 있을 뿐이다. 사업 초기에는 사람들이 일을 놓는 데 애를 먹기도 한다. 그들은 업무 위임을 어려워한다. 하지만 효율적 시간 활용을 원한다면 업무 위임은 필수다. 새로운 소득원을 구상하거나 개발할 시간을 잔디 깎는 데 쓸 수는 없지 않은가?

어떤 이들은 사업의 지배구조를 가능한 한 난해하게 만들려고 한다. 여전히 그들의 마음속에는 '돈을 버는 일은 힘들어야 한다'는 믿음이 자리하고 있는 걸까? 하지만 돈벌이는 마음먹기에 따라 원하는 만큼 단순해질 수 있다. 무엇보다 돈벌이가

고역일 필요가 없다.

자영업은 엄청 골치 아픈 일이라는 선입견이 있다. 세무와 회계, 규제와 법, 보험 등 개인사업자가 되는 데 따르는 각종 사항을 생각하면 머리가 빙빙 돈다. 학습곡선^{학습효과, 즉 작업을 처음 수행할 때는 많은 시간을 요구하지만 반복에 따른 숙달로 작업 시간이 줄어드는 현상을 수학적으로 도식화한 것-옮긴이}은 분명히 존재한다. 하지만 이는 복잡한 문제가 아니다. 특히 소규모 비즈니스의 경우는 그렇다. 사업이 성장하면서 버겁게 느껴지면 전문가의 도움을 받으면 된다. 초기 학습곡선에 겁먹거나 당황하지 말자. 일단 첫 번째 비즈니스에서 기본을 익혀놓으면, 다음 비즈니스부터는 그 지식을 즉각 적용할 수 있다. 그렇게 시간과 비용이 빠르게 절약된다.

8. 적은 돈으로 시작할 수 있다

아주 적은 돈으로 시작할 수 있는 사업이 숱하게 많다. 사업의 가치가 상승하면 기회도 확대된다. 돈을 벌겠다고 가진 모든 것을 사업에 미리 쏟아 넣을 필요는 없다는 뜻이다. 가치를 창출하고 남들이 관심을 두는 것을 제공한다면 수익은 절로 따라온다. 시간을 한 번 투자해서 반복적으로 돈을 받을 수 있는 일은 좋은 수동 소득원이 된다. 좋은 예가 책을 쓰는 것이다. 노력을 한 번 들여 일단 출간하면 몇 년 동안 책이 계속 팔리면서 소득을 안겨준다.

이 개념을 직장인의 경우와 비교하면 더 실감할 수 있다. 당신이 고용직 소프트웨어 개발자이고, 회사 업무로 어떤 시스템을 설계했다고 치자. 그 프로그램이 좋든 나쁘든 당신이 받는 월급은 똑같다. 해당 프로그램이 훌륭히 작동할 경우 당신의 고용주는 그걸로 몇 년씩 돈을 번다. 그러는 동안 당신은 고용주의 다음번 돈벌이를 위한 프로그램 개발에 착수한다. 하지만 여전히 같은 월급을 받는다.

그렇다면 이런 생각이 들지 않을 수 없다. 만약 내 프로그램을 개발해서 남들에게 판매한다면? 이제 당신은 자신의 창의력을 남이 아닌 자신에게 평생 이익을 안겨줄 수익원을 창조하는 데 쓴다. 이 두 가지 시나리오를 비교해보자. 당신은 본질적으로 같은 일을 하지만 전자의 경우는 정해진 금액을 받고, 후자의 경우는 소득이 거의 무한하다. 여기서 필요한 것은 좋은 아이디어, 그리고 해보겠다는 의지뿐이다. 거액의 착수금은 필요 없다. 하지만 보상은 엄청나다.

내가 당신에게 어떤 주장을 하든, 모든 것은 당신의 선택에 달렸다. 마음속 의심을 털어내야 하는 사람은 결국 당신이다. 내 이야기가 사업주가 되는 것에 대한 두려움과 부정적 통념과 싸우는 데 도움이 되기를 바란다. 많은 사람이 자영업의 길에서 굶어 죽는 악몽을 떠올리지만, 그런 비이성적인 두려움은 현실을 전혀 반영하지 못한 기우일 뿐이다. 자영自營은 개인 성장을 위한 강력한 기폭제다. 삶의 최대 가치는 종종 자영의 과정에서 얻는 교훈과 자신감에서 나온다. 직장에 붙어 있어야 안전하다는 패러다임을 마침내 놓아버리기 전에는 스스로 주인이 되는 신명과 희열을 제대로 느껴보기 어렵다. 가구를 붙잡고 일어서는 법을 배우다 마침내 어디에도 의지하지 않고도 걷게 되는 아기처럼, 당신도 결국에는 붙잡고 있던 것을 기꺼이 놓아야 한다. 그래야 걸을 수 있고, 뛸 수 있다.

미지에 대한 두려움은 시간이 흐르면서 점차 줄어든다. 동시에 자신의 직감과 판단력을 믿는 데 익숙해진다. 두려움이 결코 완전히 사라지지는 않겠지만, 일단 부유한 마음을 개발하면 그 두려움을 다스리고, 때로는 납작하게 누를 수 있게 된다. 그때가 되면 당신의 목표를 하나하나 이루게 될 것이다.

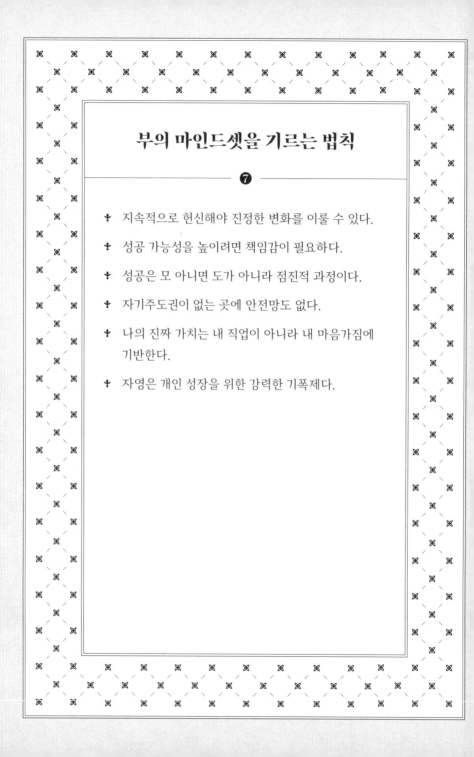

부의 마인드셋을 기르는 법칙

❼

☘ 지속적으로 헌신해야 진정한 변화를 이룰 수 있다.

☘ 성공 가능성을 높이려면 책임감이 필요하다.

☘ 성공은 모 아니면 도가 아니라 점진적 과정이다.

☘ 자기주도권이 없는 곳에 안전망도 없다.

☘ 나의 진짜 가치는 내 직업이 아니라 내 마음가짐에 기반한다.

☘ 자영은 개인 성장을 위한 강력한 기폭제다.

✖

원하는 일을 하는 것이 곧 삶이다.

—

월리스 와틀스

8장

가속할 때와
진정할 때를 구분하라

당신은 얼마나 자주 삶의 속도에 치이고 쫓기는 기분을 느끼는가? 현대 사회에서 번아웃을 피할 수 있는 사람은 거의 없다. 스트레스에 대한 연구와 저술이 쏟아지고, 수많은 사람이 심신의 피로감을 호소한다. 너무 빨리 가다 보면 기진맥진하기 쉽다. 길을 재촉하는 것만이 능사는 아니다. 나는 속도를 늦추고 에너지를 집중해야 차분하고 자신 있게 움직일 수 있고, 결국은 그것이 더 많이 성취하는 방법이라는 것을 발견했다. 삶에서 걱정과 불확실성을 걷어내야 어떤 방향이 당신을 목표 지점으로 데려다줄지 차분하고 신속하게 평가할 수 있다.

수많은 사람이 평화로운 삶을 갈망한다. 현실이 아수라장이기 때문이다. 인간관계는 쉽게 휘발성이고, 직장은 억압적이고, 재정 상태는 붕괴하기 일보 직전이다. 나는 당신에게 사실만을 말할 것을 약속했다. 사실을 말하겠다. 만약 당신이 현재 혼란 속에 살고 있다면 그것은 당신이 그것을 선택했기 때문이다. 지금 아수라장에 놓여 있는 것은 당신의 선택이다. 받아들이기 어려운가? 조금이라도 의문이 든다면 다음의 간단한 평가를 통해 확인할 수 있다.

우선, 당신이 가깝게 지내는 사람들을 돌아보자. 가족, 친구, 동료 등. 그중 당신이 시간을 많이 쓰고 있는 사람은 몇 명인가? 그중 당신에게 신세를 갚는 사람은 몇이고, 당신의 덕만 보는 사람은 몇인가? 양쪽의 차이를 알았다면, 당신의 시간을 고갈시키는 사람들을 멀리하자. 그것이 당신의 안녕을 도모하는 길이다.

때로는 일시적 거리두기도 충분한 효과를 낸다. 낡은 패러다임에 둘러싸여 있어서는 사고방식을 바꾸기 힘들다. 일주일간 여행을 떠나는 것이 마음 상태를 바꾸는 데 매우 효과적일 수 있다. 여행에서 일상으로 돌아오면 당신의 삶에서 어떤 사람들이 당신이 피해야 할 부정적인 에너지를 뿜고 있는지 더욱 선명하게 보일 것이다.

현재 직장에 출근하는 게 매일 두렵고 싫다면 어째서 그곳에 머물러 있는가? 수동 소득을 만들어 자구책을 도모한 적이 있는가? 아니면 이 불행한 상황을 그저 운명이나 팔자로 받아들이고 있는가? 당신이 이 책을 읽고 있다면, 부의 창출에 대한 다른 책들도 읽었을 가능성이 크다. 그 책들이 제안하는 바를 제대로 시도해본 적이 있는가? 그 책들이 당신의 책장에서 먼지만 모으고 있지는 않은가?

삶에 혼란을 주는 주요 원인은 재정이다. 하지만 더한 원인은 혼란을 가중하는 일을 계속한다는 데 있다. 사람들은 결핍의 마인드셋 때문에 자신이 가지고 있지 않은 것에 온 에너지를 집중한다. 이런 이들이 자기 삶에 끌어들이는 것은 무엇일까? 더한 불행뿐이다. 그들은 결국 빚은 늘리고 자기 시간의 가치는 깎는 행동과 결정을 하게 된다.

에이미의 사례를 보자.

◠ 저는 20대 후반의 비혼모였고, 삶은 통제 불능 상태였습니다. 데이트 상대들은 하나같이 정서적으로 불안정하고 제 시간만 축내는 남자들이었지요. 네 살배기 딸아이는 죽어라 말을 듣지 않고 속을 썩였습니다.

저는 4년째 경리로 일하고 있었고, 버는 돈은 형편없었습니다. 항상 돈에 쪼들렸습니다. 남들은 대수롭지 않게 누리는 것들조차 저는 영원히 가질 수 없을 것 같았습니다. 휴가조차 마음대로 낸 적이 없었습니다. 휴일이 되면 다음 달은 또 어떻게 먹고살까 걱정하며 시간을 보냈습니다.

그러던 어느 여름, 제 상사가 주말마다 자기 친구의 조수로 일할 의향이 있는지 물었습니다. 저는 적게라도 부수입이 되겠다는 생각에 선뜻 응했습니다. 상사의 친구 이름은 린다였고, 재택 근무로 네트워크 마케팅 비즈니스를 하는 사람이었습니다.

저는 주말마다 린다의 집에 갔습니다. 그의 삶은 제게는 그저 놀라울 따름이었습니다. 그는 걱정이라고는 없는 사람처럼 보였습니다. 이게 웬 조화인가 싶었습니다. 돈이 마치 마법처럼 그를 향해 흘러드는 것 같았습니다. 저는 그를 면밀히 지켜보았습니다. 그에게 어떤 특별한 점이 있는지 궁금했지요. 하지만 린다는 그냥 평범해 보였습니다. 그렇게 몇 주가 지난 후 저는 결국 속상한 마음을 이기지 못하고 불쑥 입 밖으로 내뱉었습니다. "이건 너무 불공평해!" 인생이 그에게는 너무 쉬워보였고, 제게는 너무 힘들게 느껴졌

Bob Proctor

습니다.

린다는 저와 마주 앉았습니다. 그는 매우 직설적으로 말했습니다. 제가 사실상 '혼돈의 자석'이며, 저의 현실은 모두 제가 삶을 생각하는 방식이 끌어들인 결과라고 했습니다. 그는 제 삶을 이렇게 만든 것은 제 자신이고, 제가 바뀔 수 있는 유일한 방법은 제 생각을 바꾸는 것뿐이라고 반복해서 말했습니다.

저는 집에 와서 눈이 붓도록 울었습니다. 그의 말이 옳았기 때문이지요. 제게 일어난 일은 모두 제가 저에게 저지른 일이었습니다. 과거를 돌아보니 그때까지 제가 했던 선택, 제 자신을 이 지경에 몰아넣은 결정이 낱낱이 보였습니다.

그해 여름이 제 삶의 전환점이었습니다. 그때 저는 제 삶에서 혼돈을 몰아내고 마음을 부유하게 먹는 방법을 배웠습니다. 저는 린다와 같은 일을 시작했고, 그의 지도를 받아 제 사업을 키워나갔습니다. 제게 새로 생긴 차분한 자신감이 제 삶에 다른 종류의 사람들을 끌어들였습니다. 얼마 안 가 저를 지지하고 진심으로 사랑해주는 든든한 반려자도 생겼습니다. 중요하지 않은 활동을 줄이거나 없애서 평온하고 차분한 생활을 추구했습니다. 그랬더니 딸아이도 갑

자기 얌전해졌습니다. 그동안 아이도 제가 만들어낸 부정적인 혼돈으로 고통 받고 있었던 겁니다. 아이의 반항은 아이가 스트레스를 호소하는 방식이었습니다.

제 삶은 이제 평화롭고 고요합니다. 저는 더 이상 돈 걱정을 하지 않습니다. 다시는 혼돈의 자석이 되지 않을 겁니다, 절대로!

이전의 에이미는 자기 상황을 자기 책임으로 인정하지 못했고, 삶이 불공평하다고 불평했다. 이는 누구에게나 있는 일이다. 하지만 에이미는 그 상태에 머물지 않았다. 자신이 마음만 먹으면 인생을 바꿀 수 있다는 것을 깨닫고, 실행에 옮겼다. 당시에 에이미가 겪는 혼돈을 만들어낸 것은 그간 자신이 내려왔던 선택들이었다. 당신도 마찬가지다. 혼돈을 선택할 수도 있고, 평화를 선택할 수 있다. 모든 것은 책임지겠다는 의지에 달려 있다. 모든 것은 당신에게 달려 있다!

천천히 가야만
보이는 것들이 있다

✣

앞서 논했던 우선순위 설정으로 돌아가보자. 중요하지 않은 활동은 최대한 줄이거나 없애야 한다고 했던 말을 기억하는가? 그래야 목표로 이어진 경로에 시간과 에너지를 집중할 수 있다. 장담컨대, 대개의 사람이 매일 하는 일 중 50퍼센트는 그들의 인생 대계에 전혀 중요하지 않은 일이다. 하지만 눈앞의 잡다한 일들에 휘말리지 않기가 얼마나 힘든지 잘 안다. 잡일이 끝없이 당신 앞을 막아서는 느낌일 것이다. 잡일은 좀처럼 사라지지 않는다. 일을 거절하려면 연습이 필요하다. 중요하지 않은 일은 특정 시간대로 밀어놓는 것이 최소한의 해법이다. 그래야 중요한 일에 대한 집중력을 유지할 수 있다.

한꺼번에 여러 일을 수행하는 능력, 이른바 '멀티태스킹'을 주제로 한 책과 글이 많다. 어떤 이들은 멀티태스킹을 효과적인 일 처리 방식으로 내세운다. 이는 우리 시대의 최대 착각 중 하나다. 초점을 분산하면 그중 어느 과제도 제대로 해낼 수 없다. 더구나 주의력 분산은 매우 위험한 상황을 야기할 수 있다. 운전 중에 통화를 하면서 내비게이션을 본다고 생각해보라!

차가 어디로 어떻게 가는지도 제대로 모르고, 대화 내용도 충실히 따라가지 못한다. 자칫하면 도로에서 이탈할 수도 있다.

이를 당신이 개척하는 길에 대한 은유로 생각해보자. 통화 상대는 귀 따갑게 떠들어 대고, 당신은 갈 길이 헷갈리는 상태에서 계속 차를 몰고 있다. 이 상황에서 가장 중요한 것은 무엇일까? 당연히 내비게이션이다. 그런데 도로에 나가보면 운전 중에 통화하면서 동시에 내비게이션을 보는 사람이 많다. 그들은 그렇게 하기로 선택했다. 한꺼번에 이것저것 하는 다중 작업을 통해 더 많거나 더 나은 결과를 내고 있다고 믿기로 선택한 것이다.

통념인 것처럼 행세하는 대개의 패러다임처럼, 멀티태스킹 신화도 전적으로 역행적이다. 생각해보자. 부자들이 기사를 고용하는 이유가 무엇일까? 목숨을 걸지 않고도 이동 시간에 다른 일에 집중하기 위해서다. 즉 이동 시간을 효과적으로 쓰기 위해서다. 그들은 온전한 집중력이 최고의 결과로 이어진다는 것을 아는 사람들이다.

목표에 집중함으로써 주어진 시간을 최대한 효과적으로 써야 한다는 말이 무조건 전진, 전진, 전진만을 의미하는 것은 아니다. 우리의 마음에는 휴식이 필요하다. 따라서 실행, 평가, 휴식을 오가며 균형을 찾아야 한다. 죽어라 빨리 달리는 것이 두려움을 가리는 가면일 때도 많다. 우리는 분초를 다투며 매 순간 전력을 다하면 당연히 성공할 것으로 생각한다. 하지만 때로 속도를 늦추고 자신이 어디로 향하는지 제대로 바라볼 필요가 있다. 알고보면 정말로 중요한 것을 제외한 모든 것을 하고 있을 수도 있다. 활동량만으로는 위대한 결과를 얻을 수 없다. 에너지 낭비에 불과한 활동도 많다.

내가 좋아하는 명언이 있다. 바로 마하트마 간디가 한 말이다. "인생에 있어서 서두르는 것이 다는 아니다." 천천히 가야만 보이는 것들이 있다. 지난 세기의 기술 혁명은 우리 삶의 속도를 어지러울 만큼 높여 놓았다. 기술이 삶의 질을 개선한 것은 엄연한 사실이다. 하지만 남들이 하니까 나도 해야 하는 일들을 양산하기도 했다. 그 결과 정신없고 혼잡한 생활양식을 낳았다. 우리가 성취할 수 있는 과제가 너무나 많아졌고, 단지 할 수 있기 때문에 그것들을 다 해야 한다는 강박을 가진 사람도 너무나 많아졌다.

우리는 이 과제들을 대단한 시간이나 노력이 필요하지 않은 잔일로 생각한다. 하지만 이 일들을 분리하고 우선순위를 매기는 데 무척 많은 에너지를 낭비한다. 에너지는 그냥 생기지 않는다. 여기에 에너지를 쏟는 것은 정작 중요한 과제들에, 인생 목표 실현에 써야 할 에너지를 훔치는 것이다.

　이런 만능주의 사고방식은 패닉을 부른다. 더 많이 하려 할수록 패닉이 더 커진다. 뒤처지는 두려움은 끔찍한 스트레스를 야기한다. 이것이 한발 물러나 우선순위를 설정해야 하는 이유다. 중요하지 않은 것들은 기꺼이 내려놓아야 한다. 뭐라도 의미 있는 일을 달성하려면 일단 제정신을 유지해야 하지 않겠는가.

　선택권은 당신에게 있지만, 모든 것을 선택할 수는 없다. 이 점을 이해하자. 사탕 가게에 온 어린아이를 상상해보라. 모두 갖겠다고 성화지만 아이의 손과 배에 들어갈 과자의 양에는 한계가 있다. 이것을 알면서도 아이는 새것들을 움켜잡느라 이미 잡았던 것들을 떨어뜨린다. 불가능한 일에 덤비면서 상황을 엉망진창으로 만든다. 모두 가지려 한다면 이런 난장판이 몇 시간이고 이어질 수 있다! 아이의 부모가 처음에 아이에게 한 가지 또는 두 가지만 가질 수 있다고 말했다면, 아이는 일단 멈추고 자신이 정말로 원하는 것이 무엇인지 따져봤을 것이다. 그 조언이 아이에게 집중할 기회를 주었을 것이고, 아이는 자기 목표, 즉 최대의 만족을 선사할 최고의 사탕에 집중해 시간과 에너지를 훨씬 적게 들이면 훨씬 빨리 성취했을 것이다.

이제 이 상황을 당신의 삶에 대입해보자. 당신도 자신을 위한 규칙을 정할 필요가 있다. 시간은 무한하지 않다. 따라서 한정된 시간에 무엇을 할지 판정해야 한다. 그러지 않으면 아무것도 달성하지 못한다. **당신에게는 과제를 효과적으로 평가할 지혜가 필요하고, 포기해야 할 것들을 포기하고 선택과 집중을 하기 위한 결단과 용기가 필요하다.**

비판적으로 사고하라

✤

대중은 선정적인 것에 매료된다. 연예인의 사생활에 대한 기사가 각종 미디어 채널에서 끝없이 쏟아지고, 이런 무의미한 콘텐츠를 일상적으로 소비하는 사람들이 점점 늘어간다. 해괴하고 논란을 부르는 일일수록 더 많은 관심을 받는다. 몇몇 유명인은 물의를 빚고 오명을 입기도 하지만, 많은 이가 그들처럼 대중의 관심을 받고 타인에게 영향력을 끼치는 사람이 되기를 꿈꾼다. 사람들은 유명인의 행동을 모방하고, 많은 경우 그 과정에서 엄청난 감정 기복과 스트레스를 겪는다.

부를 추구한다면 이런 쓸데없는 소동에 시간을 버리지 않아야 한다. 먼저 비판적 사고를 배워야 한다. 거기에는 우리 사회의 기성 패러다임들을 식별하고 평가하는 일이 포함된다. 어떤 것들이 당신을 돕고, 어떤 것들이 당신을 방해하는가? 그것들은 어디서 왔으며, 진정한 변화를 위해 인정해야 할 진정한 진실은 무엇인가?

우리는 모두 생각한다. 항상 생각한다. 하지만 우리 생각의 대부분은 우리가 외부에서 흡수해서 축적한 아이디어와 그 결과 우리 안에 형성된 패러다임을 거울처럼 반영할 뿐이다. 우리는 이런 추정을 좀처럼 멈추지도 의심하지도 않는다. 결국 우리는 그 추정이 우리의 삶과 성과에 영향을 미치도록 방관한다. 이런 이유로 당신의 생각은 많은 부분 편향되어 있거나, 왜곡되어 있거나, 부분적이거나, 근거 없거나, 완전히 잘못되어 있다.

이제 생각해보자. 삶의 질은 생각의 질에 달려 있다. 형편없는 생각의 대가는 크다. 금전적으로도, 삶의 질에도 악영향을 준다. 하지만 다행히 탁월한 사고방식은 후천적으로 배워 얻을 수 있으며 적극적으로 배양할 수 있다. 비판적으로 사고하는 태도는 선천적인 것도, 자연발생적인 것도 아니다. 평소에는 매우 비판적인 사고를 보여주는 사람들조차 때로 대책 없고 비이성적인 사고의 지배를 받는다. 감정적인 순간에 특히 그렇다.

'우수한 생각'이란 일반적으로 정도의 문제다. 특히 해당 분야에 경험이 있는지와 그 경험의 질과 깊이에 많이 의존한다. 뼛속까지 철저하게 비판적인 사고를 하는 사람은 없다. 비판적 사고는 언제나 특정 수준까지만 도달 가능하고, 그 수준은 가변적이다. 비판적 사고력을 개발하는 것은 평생의 과업이다. 비판적으로 생각하는 기량을 배우고 강화하는 노력을 절대 멈추지 말자. 가끔 실수한다 해서 심하게 자책할 필요는 없다.

비판적 사고는 지속적 학습이 필요하다. 이는 아무리 강조해도 지나치지 않다. 나는 나를 평생 배워야 하는 학생으로 여긴다. 자기계발의 모든 영역에서 나는 계속 배운다. 누구도 꿈의 실현을 위한 모든 것을 알지 못한다. 누구도 생각하는 방법이나 동기부여 방법에 대한 모든 것을 알 수는 없다. 인생에 정통한 사람은 없다. 우리는 모두 인생을 배우는 학생이다. 이는 언제나 새로운 아이디어를 탐구해야 함을 의미한다. 그 탐구는 독서, 경청, 관찰, 대화, 전수, 실제 시도(아마도 창업) 등 다양한 활동을 포함한다. 중요한 것은 각각의 활동에서 얻을 수 있는 가르침에 대해 늘 열린 마음을 유지하는 것이다.

평생 학습은 삶이 제공하는 다양한 모험을 부단히 탐험하겠다

는 의지의 발현이다. 이 의지가 당신에게 안겨줄 혜택은 엄청나다. 삶에 대한 열정이 원대해지고, 자존감과 자긍심이 높아진다. 열정이 커질수록 당신을 둘러싼 세상에 관심이 커지고, 세상의 일에 더 자주 참여하게 된다. 가장 중요한 것은 당신이 사람들에게 새로운 아이디어들을 전달하는 통로가 된다는 점이다. 당신 그 자체로 당신이 추구하는 것, 즉 평생 학습을 위한 도구가 된다.

때로는 나에게
너그러워야 한다

✣

정서적 안정을 갖춘 사람이 되려면 지나친 자기애나 자기 비하 없이 자기 능력과 상황을 객관적으로 받아들이는 태도를 가져야 한다. 이런 자기 수용이 부유한 마음과 얼핏 상반된 태도처럼 보일 수 있다. 실제로 나는 두 가지 사이에 어떻게 균형을 잡는지에 대한 질문을 자주 받는다. 중요한 것은 삶의 모든 영역에서 향상을 목표하는 것이다. 다만 부유한 마음을 향한 길에서 사람마다 출발 위치가 다르다. 누군가 당신보다 빨리 올라가는 것처럼 보여도 낙담하거나 상심할 이유는 없다. 기억하

자. 무엇보다 그런 자기 회의는 끌어당김의 법칙을 작동시켜 심각한 역효과를 부른다.

또한 자기 수용이 전진을 포기하는 변명은 될 수 없다. 당신이 시작한 여정의 요점은 자신을 있는 그대로 돌아보고, 어떤 개념들이 자기 생각을 형성하는지 이해하는 것이다. 당신이 어떻게 지금의 상황에 이르렀는지 비판적으로 평가해야 한다. 이는 자기 수용을 핑계로 삼아 시도를 기피하며 숨는 것과는 전혀 다르다.

대개는 자기 목표에 전력투구하는 것과 현재의 처지를 받아들이는 것 사이 어딘가에 끼어 있다. 매일 자기 향상에 매진하는 것을 두고 자신의 현재를 인정하지 않는 태도라고 말하는 사람이 많다. 허튼 생각이다. 이는 퇴행적 사고에서 비롯된 잘못된 생각이다! 당신의 결정과 그에 따라 당신이 얻은 결과를 자신의 책임으로 인정해야 향후 더 나은 결정을 내리고 더 나은 결과를 만들 수 있다.

대부분의 경우 자기 수용의 최대 함정은 애초에 자신을 정확히 보지 않는 데 있다. 사람들은 왜곡된 자아상, 심지어 부정적인 자아상을 만든다. 그리고 이것이 현실 직시에 걸림돌이 된다. 자아상은 평생에 걸쳐 형성되며, 시간에 따라 계속 변한다. 예를 들어 돈 문제를 여러 번 겪었거나 사업에 실패했거나 파산한 적이 있는 사람은 자신이 돈 버는 것과는 인연이 없으며, 따라서 시도해봤자 소용없다는 생각을 품게 된다.

지금쯤 당신은 이것이 잘못된 생각임을 알 것이다. 돈 관리 방법은 누구나 쉽게 배울 수 있다. 따라서 당신이 이전에 실패한 적이 있다고 해서 돈과 인연이 없는 것은 아니다. 돈 관리 요령이나 돈을 삶에 끌어들이는 방법을 배운 적이 없을 뿐이다. 경험 부족은 쉽게 해결할 수 있다. 하지만 '나는 돈과 인연이 없다'는 자아상이 확고한 사람은 실질적인 가능성조차 좀처럼 인정하지 않는다.

자아상은 한 마디로 자신에 대한 주관적인 견해다. 부정적인 자아상은 변화 시도를 방해한다. 자아상은 자신이 어떤 사람인지, 무엇을 할 수 있는지에 대한 꼬리표를 만들어낸다. 이 꼬리표 중에는 '똑똑한', '부유한', '창의적' 같은 긍정적인 것도 있고, 반대로 '멍청한', '뚱뚱한', '쓸모없는' 같은 부정적인 것도 있다. 이 꼬리표들은 우리의 좋은 점과 나쁜 점을 아우르는 전반적 견해를 형성한다. 또한 자아상은 자신이 누구인지에 대한 일종의 학습된 추정이다. 대체로 부모와 교사들이 우리의 전반적 자아상에 가장 먼저, 가장 크게 기여한다. 그들이 우리에게 어떻게 반응하고 우리를 어떻게 대하는지가 우리 마음에 우리가 누군지에 대한 그림을 만든다. 우리가 친구들과 친척에게 노출되면서 이 이미지는 점점 더 정교해진다. 그리고 성인이 될 때까지 우리가 겪는 관계와 경험들이 우리가 자신에 대해 생각하고 느끼는 바를 강화한다.

당신 내면의 이미지가 당신이 어떤 사람인지에 대한 정확한 반영일 수도 있다. 하지만 대개의 경우 그 이미지는 왜곡되어 있다. 어릴 때 주입된 강점과 약점이 내면화되어서 어른이 되었을 때의 결과에 작용한다. 이 자아상은 고정되어 있지 않다. 자아상은 역동적이고 끊임없이 변한다. 우리가 남들이 자신에게 어떻게 반응하는지, 자신이 남들의 반응에 어떻게 느끼는지를 끊임없이 평가하기 때문이다. 우리는 서로를 비교하고, 자신에게 상대적 순위를 매긴다. 이것으로 우리는 자신이 남들과 사회에 대략 어떤 가치를 갖는지 감을 잡곤 한다.

자아상이 변할 수 있다는 것은 당신이 지금보다 더 건강하고 정확한 자아상을 개발할 수 있다는 뜻이다. 아울러 당신의 진전과 발전을 제한하는 왜곡도 바로잡을 수 있다는 뜻이다. 하지만 이런 변화를 가져오기 위해서는 먼저 한 걸음 물러나 자신의 자아상을 평가할 수 있어야 한다.

당신은 자신에 대해 어떤 생각들을 가지고 있으며, 어떠한 꼬리표를 만들었는가? 혹시 스스로 '나는 멍청해'라고 생각하는가? 이런 생각은 주로 남이 당신에게 했던 말에서 기인한다. 또는 당신이 어렸을 때 당혹감이나 두려움을 느꼈던 사건에서 기인한다. 아이들은 당혹감이나 두려움을 '바보가 된 느낌'으로 해석하는 경우가 많기 때문이다. 이런 정신적 꼬리표를 달면 자연스럽게 자신은 멍청하다고 여기게 된다. 그리고 자신은 어려운 일을 시도할 가치가 없다고 믿는다. 어차피 성공하지 못할 테니까. 이 믿음이 당신을 미리 제한한다.

안타깝기 짝이 없는 상황이다. 사실과 정반대이기 때문에 더 안타깝다. 첫째, 당신은 세상 어느 사람 못지않게 똑똑하다는 것을 알아야 한다. 거기다 앞서 논했듯 부자가 되는 데는 딱히 천재일 필요도, 교육 수준이 높을 필요도 없다. 당신은 자신이 스스로 붙인 꼬리표를 모두 돌아보아야 한다. 꼬리표들은 전혀 근거 없는 어린 시절의 추정에서 기인했을 가능성이 크다.

다음으로, 자신에게 등수를 매기는 일을 멈춰야 한다. 당신은 주위 사람들과 비교해서 자신이 똑똑한지, 아름다운지, 잘사는지 판단하고 있을 것이다. 이는 비교 역설의 내적 버전이다. 자기 내면에 자신이 평균이라는 생각을 심는 일밖에 되지 않는다. 비슷한 사람들끼리 비교하면 누구나 다 그만그만해 보인다.

하지만 당신은 유일하고 고유한 개인이다. 당신의 가치는 남들과의 비교로 정해질 수 없다. 세상에 당신과 똑같은 사람은 아무도 없다. 다시 말해 당신은 값을 매길 수도, 비할 데도 없는 존재다. 어떻게 당신의 가치가 다른 누구의 가치보다 적다고 할 수 있겠는가?

나는 오래전부터 전 세계 청중에게 건강하고 행복하고 생산적인 삶을 원한다면 평온을 유지하는 법을 배워야 한다고 말해왔다. 그리고 평온을 원하는 사람들에게 두 가지를 추천한다. 먼저, 좋은 마인드컨트롤 방법을 활용하자. 그중 하나를 www.calmconfidence.com에서 만날 수 있다. 이 사이트는 우리 회사와 관계없고, 추천에 대한 대가로 내가 얻는 물질적 보상도 없다.

다음으로, 자기계발 분야의 고전이라 할 수 있는 제임스 알렌의 저서 『생각의 법칙』을 추천한다. 이 책의 마지막 장에서 '평온함'을 다룬다. 이 장을 필사해서 늘 지니고 다니며 하루에 두 번씩 읽기를 권한다. 아침에 일어난 직후와 밤에 잠들기 직전이 좋다.

끝없이 스스로 질문을 던지라

다양한 사람이 다양한 방식으로 노력을 정의한다. 어떤 이들은 노력을 육체적 분투의 관점에서만 생각하고, 어떤 이들은 난제에 대한 해법을 찾는 일을 노력으로 본다. 나는 힘과 마음의 집중을 요하고 가능성에 대한 생각을 확장하는 것, 다시 말해 자기 자신에게 도전하는 모든 일을 노력이라고 생각한다. 이때의 도전은 육체적일 수도, 정신적일 수도 있다. 많은 경우 육체적이자 동시에 정신적이다. 도전은 당신을 익숙한 안전지대 밖으로 불러내 미지에 대한 해법을 창의적으로 찾을 것을 요구한다. 도전은 중요하다. 도전은 당신이 자기만족에 빠져서 최선의 길이 아닌 가장 쉬운 길에 안주하는 일을 막는다. 다수가 '용이함'이라는 넓은 길을 편히 내려갈 때, 소수만이 진정한 부를 향한 오르막길에서 분투한다. 이것이 도전에 임하는 사람들이 종종 외로움을 느끼는 이유다. 대개는 도전을 포기하고 다시 넓고 편한 길로 내뺀다.

큰 도전일수록 큰 결과를 동반한다. 더 많은 집중과 노력이 필요한 산일수록 정상에 깃발을 꽂을 때의 보람과 희열도 더 크다. 남들이 하지 않을 것에 헌신할 때 남들은 결코 알지 못할 결과를 맛볼 수 있다. 언젠가 비행기 추락 사고 생존자의 인터뷰를 본 적이 있다. 생존자는 "확실시됐던 죽음을 피한 후에 느끼는 기쁨보다 더한 기쁨은 없다"라고 말했다. 원대한 도전도 비슷한 기쁨과 성취감을 안겨주지 않을까? 남들에게는 어려워 보일지 몰라도 나는 해내겠다는 욕망과 의지를 가진 사람만이 삶의 위대한 보물에 접근권을 얻는다.

위대한 도전에는 위대한 인내가 요구된다. 자신에게 물어보자. "나는 몇 번까지 넘어지고 다시 일어나 계속할 수 있을까?" 당신의 한계는 어디인가? 당신은 언제쯤 백기를 들 예정인가? 당신은 성공 일정을 만들었는가? 만약 그 일정대로 풀리지 않으면 다시 전에 하던 대로 돌아갈 생각인가? 이미 최악의 시나리오를 상상했는가? 그것을 재도전하지 않을 핑계로 삼을 작정인가?

만약 이 물음에 제대로 답하지 못한다면 당신은 자신에게 실패의 빌미를 제공하고 있는 것과 같다. 목표에 전부를 걸기보다 위험을 분산하는 데 급급한 것이다. 그럼 어떻게 될까? 그렇다, 당신이 뜻한 대로 당신은 실패하게 된다. 1년 정도 시도해보다가 포기할 생각으로는 무엇도 시작할 수 없다. 자신이 가진 모든 것을 걸고, 돌아갈 길은 없다는 각오로 임해야 한다. 스스로 그만둘 기회를 주지 않으면 당신은 앞으로 나아갈 수밖에 없다.

인내는 믿음과 매우 밀접하게 연동한다. 목표의 이미지를 마음에 새기고 에너지를 집중하자. 이것이야말로 믿음을 고수하는 방법이고, 이를 고수하다 보면 그 믿음은 실현될 것이다. 이 믿음은 목표 관철에 필요한 투지를 만들어낸다. 당신이 흔들리거나 시들해지는 것을 허용하지 않는다. 당신이 10킬로그램을 감량하기로 결심했다고 치자. 당신은 매주 체중계에 올라가 체중이 꾸준히 줄어드는 것을 확인한다. 그 진전이 목표 달성의 믿음을 강화하고 목표를 향해 더욱 박차를 가하게 한다. 부의 창출도 마찬가지다. 작은 성취가 다음 단계로 올라설 에너지를 제공한다. 점점 더 높이 올라가며 뒤를 돌아보면, 자신이 그동안 얼마나 높이 왔는지의 명백한 증거가 눈앞에 펼쳐진다. 그 광경이 엄청난 사기 진작 효과를 가져와 더욱 앞으로 나아가게 해준다.

부의 마인드셋을 기르는 법칙

8

+ 삶의 혼돈을 제거하라.

+ 중요하지 않은 일은 거절하는 법을 배우라.

+ 멀티태스킹을 줄이고 에너지를 집중한다.

+ 실행, 평가, 휴식을 번갈아 한다.

+ 비판적 사고를 기르는 데 힘쓴다.

+ 자아상은 내가 어떤 사람인지에 대한 학습된 추정에 불과하다.

+ 큰 도전은 큰 결과를 가져온다.

· 9장 ·

진정한 부는
관계에서 나온다

지금이 부를 향한 여정에 오를 때다. 지금 이 순간이야말로 시작할 때다. 출발점에서 모든 것을 알 필요는 없다. 완벽한 계획도 필요하지 않다. 모두가 자신이 갇혀 있는 인식의 감옥에서 탈출할 방법을 찾는다. 모두 자유의 길로 떠나기를 원한다. 강철 창살로 둘러싸인 독방에 갇혀 있다고 느끼겠지만, 사실 당신의 감방 문은 잠겨 있지 않다. 한 번도 잠겼던 적이 없다. 당신을 과거의 결과와 현재의 처지에 붙들어 매고 있는 것은 아무것도 없다. 당신 마음속에만 존재하는 사슬 외에는. 당신은 완전히 자유의 몸이고, 모든 것은 당신의 선택에 달려 있다. 얼마든지 새롭고 흥미진진한 길로 나설 수 있다.

일단 당신이 당신만의 소득 라인을 만들어 평생 돈이 흐를 물꼬를 트면, 다음부터는 남들의 도움을 얻어 그 줄기를 굵게 만들 방법이 보이기 시작할 것이다. 가령 자신의 강점에 집중해서 과제의 우선순위를 정한 다음, 나보다 남이 더 효율적으로 수행하는 업무들은 위탁하면 된다. 당신에게 도토리 한 알이 있다고 생각해보자. 그 한 알을 땅에 심으면 그 안의 모든 에너지가 나무를 만드는 데 투입된다. 나무가 아무리 우람하고 울창하게 자라도 도토리 한 알은 나무 한 그루밖에 되지 못한다. 하지만 당신의 나무가 도토리를 많이 만들어내고 도토리들이 각각의 나무가 되면, 당신은 머지않아 숲을 가지게 된다. 이 도토리들이 바로 당신이 부자가 되도록 돕는 사람들이다. 회계사, 변호사, 웹디자이너 등 각종 직종과 역량의 사람들이 거기 포함된다. 그들을 통해 시간의 가치를 기하급수적으로 높일 수 있다.

부 창출 팀을 꾸리라

✢

모든 사람은 각기 특정한 지식을 갖고 있다. 이 각각의 지식이 당신의 목표 달성을 도울 수 있다. 신뢰에 기반한 인맥이 쌓이면 어렵지 않게 그들의 지식에 접근할 수 있고, 상호이익의 합의를 맺을 수 있다. 대개의 소기업인은 사업 초기에는 업무의 대부분을 직접 한다. 그러다 사업이 성장하면 일상적 지원 업무는 아웃소싱 방식을 도입해서 해결한다. 직원 채용의 부담 없이 일부 업무를 제삼자에게 위탁하는 것이다. 이렇게 당신의 부 창출 팀이 결성되기 시작한다.

부자들은 타인의 자원을 지렛대처럼 이용해 자신의 소득을 높이는 것, 이른바 '레버리지 효과'를 일찍부터 터득한 사람들이다. 그들 모두 이 원칙을 적용하고 이용해서 부를 증식했다. 이는 타인을 이용하라는 의미가 아니다. 양방 모두에게 이득이 되는 관계를 구축해야 한다는 뜻이다. 금전적 보상이나 기술 공유의 대가로 당신에게 시간을 보태줄 사람들을 찾아 소득 창출을 위한 팀을 구축해야 한다. 레버리지는 관여하는 모두에게 도움이 되는 상황을 만든다.

자기 사업을 하면 이 레버리지 효과를 톡톡히 활용할 수 있다. 물론 레버리지는 순수한 1인 체제에서는 벗어난 형태다. 하지만 외부의 도움을 전혀 받지 않고서는 결코 영리 능력을 키우거나 발전 전망을 확대할 수가 없다. 남들의 자원을 활용하지 않고 사업을 구축하려면 시간이 너무 많이 걸린다. 당신에게는 남들의 시간과 능력이 필요하다. 레버리지의 개념과 활용법에 대한 이해가 돈의 증식과 부의 축적을 이해하는 중요한 단계다.

　당신을 부자로 만들 팀을 구축한다는 건 사람들의 저마다 타고난 능력과 강점을 헤아려서 그들의 적성과 소질에 가장 적합한 프로젝트나 일자리를 배당하는 것을 의미한다. 어떤 사람은 창의적 문제 해결에 능하고, 어떤 사람은 상세 계획 수립에 능하고, 또 어떤 사람은 한 번에 여러 프로젝트를 관리할 줄 안다. 모두에게 이런 능력이 두루 있지는 않다. 따라서 사람들을 각기 능력 발휘를 위한 적재적소에 배치하는 것이 타당하다. 사람들이 각자의 일에서 즐거움과 자긍심을 느끼고, 전체의 구성원으로서 사업 전체를 진전시키는 보람을 찾을 수 있어야 그들의 생산성이 올라간다. 바로 이것이 당신이 재정적 목표 달성을 위해 이해하고 사용해야 하는 종류의 레버리지다.

부를 부르는
경청의 기술

✢

부를 향한 여정에 남들과 공조하기 시작할 때, 최대 과제로 부상하는 것이 있다. 바로 효과적인 의사소통이다. 무엇보다 당신의 의도와 바람을 효과적으로 전달해야 한다. 그러면서도 동시에 남들의 의견에도 귀를 열어야 한다. 직원, 고객, 협력업체 등 사업으로 묶이는 모든 주체와의 관계 구축에서 가장 중요한 기둥은 경청에 기초한다. 이는 진리지만, 그 진리를 모두가 아는 것은 아니다.

많은 사람이 단순한 듣기와 경청의 차이를 알지 못한다. 그리고 결과적으로 상대의 메시지를 접수하는 데 실패하고, 관계를 망친다. 불통은 상대방에게 위축감과 자괴감을 주기 때문이다. 이는 말할 것도 없이 당신의 발전에 좋지 않다. 만약 상대의 생각을 계속 무시하면 정서적 유대가 끊어지고, 그러면 상대의 적극적인 협조와 창의적 발상을 얻기도 힘들어진다.

경청은 상대에게 관심을 가지고 상대방의 말에 집중하고 온전히 납득하려는 의지를 기반으로 한다. 말로 표현되지 않는 부분까지 인지하는 것이 진정한 경청이다. 의사소통의 많은 부분이 표정이나 손짓 같은 보디랭귀지를 통해 비언어적으로 전달된다. 경청은 수동적 활동이 아니다.

우리의 뇌는 우리의 말하기 능력보다 훨씬 빠르게 작동한다. 우리의 마음이 대화를 앞질러가는 바람에 상대의 기분, 의견, 관점을 온전히 파악할 기회를 놓칠 때가 많다. 또한 주의산만과 미리 짐작해서 판단하는 것도 경청을 방해한다. 따라서 상대에게 집중하고, 상대의 말뿐 아니라 제스처까지 흡수하려는 노력이 필요하다.

경청은 상대에게 주의를 기울이는 동시에 상대에게 당신의 시간을 선물하는 행동이다. 여기에는 상대에게 언어적, 비언어적으로 반응할 의무가 따른다. 경청은 당신이 그의 말을 귀담아듣고 있으며, 그의 의사를 이해하고 존중한다는 것을 보여주는 행동이다. 상대방의 마음과 창의를 열고 그들과 온전히 소통하는 문이자 통로다.

경청은 단순한 듣기가 아니라 사회적 기술임을 이해하자. 이 기술은 배양할 수 있고, 배양되어야 한다. 경청 능력의 향상을 원한다면 다음의 유의 사항을 참고하기 바란다.

1. 침묵은 금이다

쉬운 일 같지만, 사람들은 참을성이 없다. 사람들은 상대의 말에 집중하는 대신 자신의 반응을 계산하거나 자신이 말할 기회를 노린다. 상대방의 말을 길어야 몇 분 듣다가 얼마 안 가 방해한다. 이런 대화 태도는 의사소통의 흐름을 차단한다. 정중하게 듣고 상대의 말에 집중해야 한다. 당장 해결책이나 의견을 제시하려는 행동을 자제하고 그저 관심 있게 들어야 한다.

2. 보디랭귀지를 적극 활용한다

경청을 잘하는 사람은 상대의 말에 몸으로도 관심을 표한다. 이때 보디랭귀지가 매우 중요한 역할을 한다. 상대와 눈을 맞추고, 바른 자세로 앉아서 상대방을 향해 몸을 약간 숙인다. 가끔 고개를 끄덕이며 상대가 말하는 요점을 이해하고 있다는 것을 알린다.

3. 요점을 반복하거나 질문을 한다

주의 깊게 듣는 중에 종종 상대가 말을 멈출 때가 있다. 이때가 당신이 맞게 들었는지 확인하거나, 이해하지 못한 부분을 질문하기에 좋은 때다. 들은 내용을 당신의 표현으로 바꾸어 말한 다음, 맞는지 물어본다. 이는 상대에게 당신이 행여 오해했거나 놓친 부분을 바로잡고 보충할 기회를 준다. 또한 상대에게 자기 메시지가 당신의 입장에서 어떻게 들리는지 파악할 기회가 된다.

4. 물리적 장벽을 경계한다

가능하면 말하는 사람과 눈높이를 맞추는 것이 바람직하다. 한 사람은 앉아 있고 한 사람은 서 있는 경우는 좋지 않다. 상대와 대화를 할 때는 책상에 앉아 이야기하기보다 상대와 함께 편한 의자로 옮겨 앉아야 한다. 그러지 않으면 책상이 양방 사이의 장벽처럼 기능해서 심리적 거리감을 만들 수 있다. 물리적 장벽을 없애서 허심탄회한 대화를 나누기에 좋은 환경을 조성하자.

5. 보안을 유지한다

제삼자에게 공개되어서는 안 되는 대화가 있다. 비방이나 개인사를 담은 대화는 특히 그렇다. 개인 신상 정보를 보호하고, 상대가 비밀 유지를 원한 내용은 반드시 비밀로 지켜야 한다. 당신이 상대에게 인간적인 존중을 보이면 상대도 당신에게 신뢰감과 친근감을 가지게 된다.

6. 상대의 감정에 초점을 맞춘다

설사 상대의 말에 동감하지 않더라도 방어적인 진술이나 표현은 피한다. 때로는 논쟁 없이 상대의 말을 듣는 자세가 필요하다. 일단 귀 기울여 듣고, 나중에 들은 내용을 찬찬히 검토해서 답변이나 입장을 정할 수 있다. 좋은 경청자는 상대가 감정을 온전히 표현할 수 있는 시간과 공간을 허용한다. 상대의 생각이 당신의 생각과 다르다 해서 상대의 감정이 진짜가 아니거나 무효한 것은 아니다. 상대의 기분을 무시하거나 묵살하는 태도는 그들의 기를 꺾고, 적대감을 조성한다. 이는 당신의 목표를 달성하는 데 아무런 도움이 되지 않는다.

7. 감사를 표한다

상대가 자신의 생각과 느낌을 공유해준 것에 감사하자. 진정성을 보여주자. 소신을 밝히고 목소리를 내는 데는 큰 용기가 필요하다. 특히 개선이 필요한 점을 지적할 때는 더 그렇다. 솔직한 의사소통은 신뢰를 쌓고 더 많은 대화를 부른다.

8. 성장의 기회로 삼는다

남들의 피드백과 의견에는 성장의 기회가 담겨 있다. 열린 마음으로 해석할 필요가 있다. 같은 맥락에서, 당신이 동의하는 내용이 아니라도 모든 주장을 전방위적으로 평가하는 것이 중요하다. 아무리 바빠도 이를 간과해서는 안 된다. 다른 사람들의 의견이나 관점을 듣지 않고서는 발전할 수 없다.

'경청자'가 되는 데는 시간과 노력이 든다. 하지만 경청 역량이 늘면서 당신의 인내심에 보상이 따른다. 좋은 경청자에게는 자기 생각과 느낌을 나누려는 사람들이 모인다. 놀랍게도 어느덧 당신의 주변은 당신에게 기꺼이 아이디어를 주려는 사람들로 채워진다. 또한 남과 갈등 상황에 놓이게 되는 일은 점점 줄어들고, 정직하고 믿을 만한 사람이라는 평판을 얻게 될 것이다. 경청은 사람들이 존경하는 동시에 선망하는 기술이다.

경청과 짝을 이루는 것이 자기 생각과 욕망을 효과적으로 전달하는 능력이다. 경청도 쉽지 않지만, 상대가 이해하기 쉽게 말하는 것 역시 생각만큼 쉽지 않다. 언어적 의사소통을 위해서는 자신의 생각을 상대에게 쉽게 흡수될 수 있는 명확한 정보 덩어리로 만드는 기술이 필요하다. 이야기를 장황하고 복잡하게 하거나, 내용 없이 횡설수설하는 것은 듣는 사람을 지치게 한다. 그 경우 상대는 흥미를 잃고 주의를 돌린다. 결국 소통이 끊어진다.

그런가 하면 회의감이나 두려움이 자기표현을 막을 때도 많다. 새로운 사업을 시작하거나 낯선 분야에서 일할 때 특히 그렇다. 나는 회계사를 만나면 갑자기 말을 잃는 사람을 자주 본다. 세법이 너무 어렵고 생소해서 자신의 무지를 드러내기 싫어 질문조차 꺼린다. 하지만 효과적인 의사소통은 발언하는 용기를 전제로 한다. 바보같이 들리거나 뒷북 치는 말이 될 수도 있지만, 대담해질 필요가 있다. "세상에 멍청한 질문이란 없다"라는 말을 들어보았는가? 사실이다. 입 다물고 있는 것은 자신이 배우고 성장할 기회를 스스로 배제하는 것이다.

대인관계는 효과적인 발언과 충실한 경청 사이의 신중한 균형 잡기다. 정직, 존경, 선의에 기반한 의사소통을 통해서만이 각자가 자신이 받아들여지고 가치를 인정받는다고 느낀다. **좋은 의사소통 기술은 갈등은 해결하고 성취는 공유하게 해준다.** 이는 결과적으로 당신의 직업적, 개인적 관계를 두텁고 강하게 만든다.

논리보다
감정이 중요하다

✢

하지만 관계가 틀어지고 경색되는 순간은 늘 찾아온다. 이런 일은 고객, 직원, 납품업체와 협력업체 등 모두와 발생할 수 있다. 이런 문제를 신속하고 효과적으로 처리하지 않으면 나중에 외견상 도저히 넘을 수 없을 듯한 산으로 변하기 쉽다. '외견상'이라는 말을 덧붙인 이유는 한번 손상된 관계는 회복이 불가능하다는 것이 통념이기 때문이다. 하지만 정말로 그런 경우는 별로 없다. 대개 불화의 씨앗은 사소하다. 진짜 문제는 그것을 처리하는 과정에서 불거진다. 대처 과정에서 부정적인 감정이 쌓이기 때문이다. 관계 진전을 위해서는 먼저 이 감정이 해소되어야 한다.

불만 고객의 탄생을 생각해보자. 고객은 처음에는 정중한 말로 도움을 구하는 이메일을 보낸다. 당신은 대응하지 않는다. 고객은 다시 이메일을 보낸다. 고객은 점점 과격해지는 언사로 대응을 요구한다. 그래도 만족스러운 답을 얻지 못하면 전화를 걸기 시작한다. 당신의 의도가 무엇이든, 침묵이나 무응답은 상대에게 존중 결여와 배려 부족으로 해석된다. 그러다 어느 날 갑자기 고객의 변호사에게 등기우편이 날아든다. 이것이 사소한 이슈가 황당한 전쟁으로 번지는 전형적인 경로이자 상대에 대한 관심이 중요한 이유다!

관계에도 예방이 최선이다. 불화 방지에 힘써야 한다. 작은 이슈들에 대응하는 것에 우선순위를 두어야 한다. 그것이 고객과 협력업체의 행복을 유지하고, 그들과의 관계를 공고히 하는 방법이다. 신속한 대응은 당신이 책임질 줄 아는 사람이라는 평판을 부르고, 그 결과 점점 더 많은 사람이 당신과 일하거나 거래하기를 원하게 되고, 당신이 제공하는 것을 찾게 된다.

이 점을 유념해야 한다. 근본적인 문제는 고객이나 업체가 애초에 제기한 이슈가 아니다. 진짜 문제는 당신의 대응에 따른 상대의 감정이다. 원래 이슈 자체는 시간이 흘러도 커지지 않고 처음 상태 그대로 남아 있다. 하지만 거기 결부된 감정은 상대가 당신의 대응을 어떻게 생각하는지에 따라 자라난다. 감정은 관계를 창출할 수도 있지만 파괴할 수도 있다. 감정이 당신을 비롯한 관련자들의 인식에 영향을 미치기 때문이다. 화난 쪽이 고객이나 업체가 아니라 당신이 되기도 한다. 당신의 감정 역시 아주 작은 도발로도 쉽게 격앙될 수 있다.

관계가 불안정한 국면으로 향할 때, 안정 회복을 위해 당신이 할 수 있는 일이 몇 가지 있다. 첫째, 상황을 객관적으로 바라보려 애쓴다. 즉, 문제의 얼마큼이 원래 이슈와 관련 있는지, 얼마큼이 감정과 얽혀 있는지 판단한다. 이 두 영역은 분리해서 다루어야 한다. 대체로 원래 이슈는 갈등의 비중에서 10~20퍼센트에 불과하고, 나머지는 모두 감정 문제다.

자신의 감정이든 타인의 감정이든 감정을 다룰 때 유념해야 할 것은 감정을 촉발하는 방아쇠가 사람마다 다르다는 점이다. 이 방아쇠는 대개 각자의 경험이나 신념에 연결되어 있다. 각자의 경험과 신념이 다르기 때문에 사람들 사이에 기대 수준의 차이가 발생한다. 오해는 애초에 이 차이에서 불거질 때가 많다.

상대의 신념이 무엇이든, 지금은 비난하거나 평가할 때가 아니다. 중요한 것은 관계의 복구다. 이를 위해서는 당신이 기꺼이 먼저 행동을 취해야 한다. 먼저 손을 내밀기가 쉬운 일은 아니다. 누구에게나 자존심과 고집이 있다. 특히 자신이 옳다고 생각할 때는 더욱 굽히기 어렵다. 억울한 마음이 들면 상대와 다시는 엮이기 싫어진다.

하지만 당신은 잘못이 없다고 믿을 때조차도, 솔선해서 행동하는 것이 매우 뿌듯한 일이 될 수 있다. 상대방 역시 자신이 잘못한 것은 없다고 믿을 소지가 다분하다. 따라서 아무도 관계 회복에 먼저 나서지 않는다면 관계는 그대로 와해한다. 그 시점부터 그 사건은 생각날 때마다 나쁜 감정을 불러 부정적인 블랙홀이 된다.

용서라는 개념은 비즈니스 환경에는 어울리지 않는다는 인식이 있다. 사람들은 용서에 관심을 두지 않는다. 유감스러운 일이 아닐 수 없다. 용서는 매우 중요하기 때문이다. 많은 이가 '비즈니스 모드'를 냉정하고 계산적인 태도를 뜻하는 말로 쓴다. 이는 사리에 맞지 않고 사실과도 거리가 멀다. 무엇보다 이런 태도를 유지한다는 건 불가능한 소리다. 아무리 발버둥 쳐도 우리가 감정을 배제할 도리는 없다! 우리는 인간이고, 인간은 감정적인 존재다. 감정을 끄거나 끊으려는 노력은 당신을 소통하기 힘든 사람으로 만들 뿐이다. 그런 태도로 부유한 마음을 만드는 것은 불가능하다.

우리는 나쁜 경험을 하면 거기에 결부된 감정을 쉽게 털어내지 못한다. 심하면 머릿속에서 같은 시나리오를 계속 재생한다. 이는 부정적인 신념을 새로 찍어내는 일과 같다. 앞서 논했다시피 신념은 강력한 것이라서 한번 마음속에 품으면 오랫동안 영향을 미친다. 해당 사건을 곱씹는 것은 끌어당김의 법칙을 통해 비슷한 사건을 계속 불러들이는 일이다. 이를 멈추는 유일한 방법은 용서하고 묵은 감정을 놓아버리는 것이다. 용서가 당신에게 잘못을 저질렀거나 당신의 원칙을 위반한 사람의 행동에 면죄부를 준다는 뜻은 아니다. 다만 당신이 긍정적인 방향으로 나아갈 감정 상태가 되었음을 의미한다.

모든 일은 한 번쯤 엇나가기 마련이다. 누구나 남에게 미칠 영향을 미처 생각하지 못한 채 행동했다가 뒤늦게 후회한다. 누구나 의도치 않은 실수를 한다. 사업도 인생도 '모 아니면 도' 태도로 접근해서는 안 된다. 지나친 확대해석도 금물이다. 마음을 항상 열어두고 때로는 경솔함과 실수를 용서할 수 있어야 한다.

나는 만회할 기회의 중요성을 굳게 믿는다. 내게도 두 번째 기회가 주어졌던 때가 많았다. 이런 경험으로 나 역시 남들에게도 그래야 한다는 것을 알았다. 너그러이 용서하자. 자신의 지난 실수나 과오를 바로잡을 기회를 받은 사람은 당신과 더욱 돈독히 연대할 것이다.

나는 대부분의 문제는 바다 위에 떠 있는 빙산과 같다는 비유를 좋아한다. 문제의 5퍼센트만이 실제 사건이다. 나머지 95퍼센트는 거기에 대한 당신의 인식이다. 다시 말해 모든 문제의 95퍼센트는 당신의 의식적 통제에 달려 있다. 두려움을 잔뜩 먹여서 압도적인 위협으로 키울 수도 있고, 한 걸음 물러나 시야를 넓힘으로써 문제를 줄일 수도 있다. 문제를 인위적으로 부풀리면 자신의 문제 해결 능력은 축소된다. 반대로 시야를 넓히면 마음속에서 문제가 작아진다. 작아진 문제는 처리하거나 받아들이기가 상대적으로 쉬워진다.

　문제에 직면했을 때 멘토나 믿을 만한 사람에게 조언을 구하는 것도 좋은 방법이다. 제삼자는 해당 상황에 대한 감정적 애착이 없기 때문에 객관적으로 판단한다. 따라서 당신의 관점 이동이나 시야 확보에 도움을 줄 수 있다.

감사 없이는 부도 없다

✤

감사 없이는 부유한 마음이 불가능하고, 부유한 마음 없이는 감사가 불가능하다. 여기에 당신의 은행 잔고는 중요하지 않다. 감사는 마인드셋과 삶의 인식에 달려 있다. 부유한 마음을 개발하고 구축한 사람들은 감사에도 단계가 있으며, 시간에 따라 감사하는 마음이 깊어진다는 것을 안다.

어린 시절에 우리는 감사하라고 배운다. 선물과 호의를 받으면 고마움을 표하는 것이 예의라고 배운다. 하지만 대개의 경우 아이에게 감사란 그저 피상적인 행동일 뿐이다. 우리는 어른이 되어서야 진정한 감사의 기본 단계에 이른다. 왜일까? 자립을 해봐야 비로소 자신이 그 자리에 있기까지 남들의 희생이 있었음을 깨닫기 때문이다. 그때야 비로소 자신이 남들에게 물심양면으로 평생 갚지 못할 만큼 많이 받았다는 것을 깨닫는다. 그때가 우리가 처음으로 진정한 감사의 감정을 경험하는 때다.

감사라는 감정은 당신에게 부의 느낌을 선사한다. 그러나 이는 아직 초기 단계의 감정이다. 아직은 남들에게 받은 것에 감사할 뿐, 모든 것에 대해 진심으로 감사하는 깊은 감정은 아니다. 많은 이가 부의 창출을 위해서는 감사하는 마음이 먼저라고 말한다. 맞는 말이다. 다만 부를 끌어당기려면 그 감사가 깊고 진한 감정이어야 한다. 사탕발림한 말은 부를 끌어당길 만한 에너지도 진동도 제공하지 않는다.

사람들이 곧잘 하는 일 중 하나가 감사 목록을 만드는 것이다. 자신의 사업, 소유물, 주위 사람들 등을 적고, 매일 목록을 읽으며 감사를 표한다. 좋은 습관이다. 하지만 목록을 아무 감정 없이 그저 읽기만 해서는 효과가 없다. 특히 읽는 사람의 감정이 자기 상황에 대해 자아도취적이나 부정적이면 더더욱 효과가 없다.

단지 감사 목록을 읽는 것만으로는 우주의 기운을 당신 앞에 부를 쌓아주는 방향으로 움직일 수 없다. 그런 일이 일어나려면 감정적으로 몰입해야 한다. 당신의 감사가 당신의 상황에 좌우되는 감사라면, 그것은 기껏해야 일시적인 감사다. 그런 감사는 역경이나 악조건을 만나는 순간 당신의 생각에서 완전히 날아가 버릴 것이다.

환경이나 상황에 상관없이 지속되는 깊은 감사의 마음을 배양하는 것이야말로 부를 끌어들이는 진정한 방법이다. 이런 종류의 감사는 생과 삶, 창조와 존재의 전반에 대한 것이다. 여기에는 좋든 나쁘든 당신이 경험하는 모든 것이 포함된다. 깊고 감정적인 감사의 마음을 품은 사람은 모든 사건을 성장의 기회로 인식하고, 그 인식은 부를 끌어당기는 능력을 강화한다. 이런 종류의 감사는 일시적 기분이 아니다. 이는 당신의 잠재의식에 내재한 태도가 된다. 그리고 곧 당신의 성품과 능력의 일부가 된다.

만약 감사가 소유물, 사업, 소득처럼 물질적이고 덧없는 것들에 좌우된다면, 당신의 마인드셋은 변하지 않는다. 영구적이고 항상 존재하는 것에 집중될 때 비로소 감사가 당신이 가진 기존의 영구적이고 항상 존재하는 일부가 된다.

이 변화를 쉽게 알아보는 방법이 있다. 감사를 표하는 방식을 보면 된다. 진정으로 감사한다면 당신은 감사한 것들을 나열하는 대신 종이에 단 하나의 문장을 적게 될 것이다. "나는 감사한다." 당신은 특정한 것을 두고 감사하지 않게 된다. 당신은 모든 것에 감사한다.

이 감사를 삶에 드러내는 데는 연습이 필요하다. 상황에 좌우되지 않는 감사를 선택해 큰 소리로 말하자. "나는 내 안에 있는 무한한 잠재력에 감사한다!"라고. 이런 방법으로 당신의 감사가 더 심오하고 절대적인 단계로 나아가도록 격려하고 장려하자.

오랫동안 꿈꾸던 부유한 삶을 살게 되었을 때 당신이 경험하게 될 것이 바로 이 무조건적인 감사다. 그리고 지금, 이 무조건적 감사를 연습함으로써 당신은 그 삶을 만들어줄 여러 상황을 끌어들이게 된다.

이 책에서 나는 부유한 마음을 확립한 사람들의 행동, 생각,

자질에 대해 논했다. 지금쯤 당신도 부의 창출이 왜 돈에 관한 문제가 아닌지 알았을 것으로 믿는다. 부의 창출은 돈의 문제가 아니다. 그것은 당신이 어떤 생각을 하고, 그 생각들로 무엇을 만들어내는지에 관한 문제다. 이제 당신이 이 기법을 당신의 삶에 시행할 때다.

내가 제시한 아이디어와 기법을 실행하고 발전시켜서 당신이 새롭고 영예로운 삶으로 나아가게 되기를 바란다. 언젠가 당신이 목적지에서 지나온 인생의 사건을 돌아볼 때, 부를 창출하는 힘은 처음부터 항상 당신 안에 있었다는 것을 깨달을 것이다. 당신의 성취가 작은 믿음의 씨앗에서 비롯됐다는 것을 알게될 것이다. 이제 그 믿음의 씨앗이 당신의 삶에 스미고 있다.

나는 당신이 자신만의 고유함을 수용하고, 지금의 삶에 진정한 부를 표출하기를 적극 권한다. 결정을 내리자. 마음을 먹자. 그리고 지금 당장 당신의 작은 배에 올라타자.

부의 마인드셋을 기르는 법칙

❾

✤ 내게는 새롭고 흥미로운 길을 선택할 전적인 자유가 있다.

✤ 관계 형성이 부 창출의 열쇠다.

✤ 관계에도 예방이 최선이다. 불화 방지에 애써야 한다.

✤ 용서를 실천한다.

✤ 시야를 확대하면 문제의 크기가 줄어든다.

✤ 무조건적인 감사를 연습한다.

✻

성공의 비결은 자신의 능력을 발견하고,
그것을 최대한 발휘하는 데 있다.

—

데일 카네기

옮긴이 · 이재경

서강대학교 불문과를 졸업하고 경영 컨설턴트와 영어 교육 출판 편집자를 거쳐 현재 전문 번역가로 활동하며 외국의 좋은 책을 소개, 기획하는 일을 한다. 옮긴 책으로 『타오르는 질문들』 『거짓말의 철학』 『젤다』 『두 고양이』 『바이 디자인』 『복수의 심리학』 『가치관의 탄생』 등이 있고, 산문집 『설레는 오브제』를 썼다.

감수 · 조성희

국내 1호 마인드파워 스페셜리스트이자, 마인드파워 스쿨 대표. 마인드 분야의 세계 최고 권위자이자 전 세계적 베스트셀러 『시크릿』의 주인공인 밥 프록터의 한국 유일 비즈니스 파트너로서 그에게 직접 트레이닝을 받았고, 브라이언 트레이시 인터내셔널 국제교수 자격도 보유하고 있다. 유튜브 채널 '조성희의 마인드파워'와 클래스 101 온라인 강좌들을 통해 변화를 꿈꾸는 사람들의 인생을 드라마틱하게 바꾸고 있으며, 한국을 넘어 세계를 향해 마인드파워 교육을 확대하고 있다. 저서로는 『더 플러스』 『뜨겁게 나를 응원한다』 『뜨겁게 나를 사랑한다』 『마인드파워로 영어 먹어버리기』 등이 있다.

밥 프록터 부의 원리

펴낸날 초판 1쇄 2023년 6월 15일
초판 4쇄 2023년 10월 22일
지은이 밥 프록터
옮긴이 이재경
감수 조성희
펴낸이 이주애, 홍영완
편집장 최혜리
편집2팀 문주영, 박효주, 홍은비, 이정미
편집 양혜영, 장종철, 강민우, 김하영, 김혜원, 이소연
마케팅 연병선, 김태윤, 최혜빈, 정혜인
디자인 박아형, 김주연, 기조숙, 윤소정, 윤신혜
해외기획 정미현
경영지원 박소현
펴낸곳 (주)윌북 **출판등록** 제2006-000017호
주소 10881 경기도 파주시 광인사길 217
전화 031-955-3777 **팩스** 031-955-3778
홈페이지 willbookspub.com
블로그 blog.naver.com/willbooks **포스트** post.naver.com/willbooks
트위터 @onwillbooks **인스타그램** @willbooks_pub

ISBN 979-11-5581-617-2 03320

· 책값은 뒤표지에 있습니다.
· 잘못 만들어진 책은 구입하신 서점에서 바꿔드립니다.

IT'S NOT ABOUT
THE MONEY